Manuale di Psicologia
ERMETICA

PRINCIPI PER CERCARE DI ESSERE FELICI

QUALSIASI COSA ACCADA

SENZA OBBLIGO DI ESSERLO

*Asia Lucia
che ti immaginavo come fruscio
flebile rumore nel silenzio della notte
o erba sottile
piegata dal vento
e invece sei
fuoco d'artificio
tuono
fragore improvviso
bianco colore
adesso lampo
nel buio immenso dell'universo.*

...c'è un luogo dell'universo dove,

sei tu sei lì, io sono lì con te...

INDICE

ADESSO

Ora. In questo istante. Adesso. Se, dopo aver percorso un tratto di autostrada, o chiusi in casa a causa di un virus, adesso dopo aver percorso un tratto della vostra vita, decidete di fermarvi all'autogrill per prendervi un caffè, decidete di fermarvi un istante per prendervi una pausa, per scoprire che la macchina del caffè è rotta, per scoprire che quello che cercavate non c'è e che non sarà possibile fare alcunché e a quel punto pensate che questa situazione sia frutto del caso, bene, se siete decisi a non voler cambiare in modo assoluto questa convinzione, allora potete da subito decidere di lasciare perdere perché questo libro non fa per voi. Lasciate stare. Passate oltre. E non meno la logica con cui uno potrebbe argomentare che è proprio così, un caso, non sarebbe affatto sbagliata. Solo, qui, ora, adesso, per un caffè o per qualsiasi altra cosa della vita per la quale vi siete fermati o che siete impossibilitati a fare, questo tipo di risposta non ci interessa. Vogliamo qualcosa di più. Qualcosa che viene da lontano da quello che già possiamo sapere. Qualcosa di diverso dal solito. Dalle solite frasi. Vi invito a lasciar perdere anche se pensate che questa situazione, una macchina per il caffè rotta, un virus, la vostra vita, sia frutto della sfortuna e che il mondo si sia accanito contro di voi per l'ennesima volta. E anche se immaginate che dietro a tutto questo ci sia quale mistero. Adesso. Proprio ora.

Fermi sempre al solito autogrill, fermi con voi stessi, seduti su un muretto, su una sedia o sul divano in casa vostra, o in piedi, ora, con il libro in mano, se siete nella condizione di poter immaginare che al temine di questa lettura sorriderete pensando a Heisenberg, alla sua legge sulla indeterminazione e al fatto che dopo tanto indagare avrebbe avuto, nella medesima situazione, la dimostrazione della sua legge, allora, si, potete continuare a leggere. Ma questo è solo l'inizio, una piccola spinta attraverso quello che si sa. L'essenza è molto più di questo e tutte le considerazioni precedenti sono solo un pretesto per andare oltre. Il perché scompare, non interessa. Causa ed effetto sono un flebile riflesso alla luce dell'infinito. Non sono nemmeno un granello di sabbia fluttuante nell'immensità del cielo. Eppure non possono che farne parte. E l'universo non può privarsene. E' qui che inizia la follia dell'ermetismo. La nostra follia. Qualcosa che richiede un salto, poiché per esso quanto accade va oltre cercarne una causa, qualcosa che ci arriva diritto dall'ignoto, una spinta verso ciò che non appare. L'impossibilità di prendere un caffè? Noi seduti. L'universo si scomoda per noi? Un caffè. Il nostro silenzio. Follia appunto. Un cammino in avanti dove le regole razionali svaniscono, la mente cessa di essere quella consueta e l'immensamente piccolo coincide fatalmente con l'immensamente grande. L'universo si svolge in parallelo, non più a gruppi né in maniera sequenziale. Ed eccoci qui. A utilizzare il quotidiano o lo straordinario per trasformarci, per diventare ciò che potremmo essere. Quello che prima vi avrebbe fatto arrabbiare, demoralizzare, pensare a un presente funesto o, ancora di più, all'ennesimo presagio negativo, diventa ora una conferma, un diverso piano di lettura, scivola accanto a voi e in voi come un rivolo d'acqua cristallino, senza spigolature. Non esiste, quindi, una definizione univoca e corretta di ermetismo ma l'immagine figurata che più ci assomiglia è tutto ciò che ci permette di trasformare, per come ci è possibile, la nostra vita da acrobata, da uno che esce di casa come se stesse percorrendo una fune tesa, in perenne tensione, mentre cerca di mantenere con sforzo un precario equilibrio, in quella di chi lo fa uscendo fischiettando con la curiosità di guardare quello che c'è fuori. Follia, appunto. Quello che è scritto qui, perciò, non è necessariamente vero. Anzi è sicurante falso se, leggendo, credete a ogni singola parola. E proprio per la legge di indeterminazione è scritto contemporaneamente vero e falso per la polarità con la quale vediamo. Ed ecco l'impossibile ermetico: le leggi espresse non possono essere discusse e sono vere fino al momento in cui non intervenga la consapevolezza, solo finché non le facciamo nostre. Sono vere sino al momento in cui ne abbiamo bisogno. Sino ad allora devono essere prese per assolute, anche se vi creano fastidio o dolore, poiché il nostro scopo è quello non di credere ad esse ma di farle nostre e subito dopo di farne a meno. E proprio in quel preciso istante, proprio nell'attimo della loro comprensione, infatti, ecco che sono false, inutili, non necessarie. Allora, se ne potete fare a meno, inizia, per ognuna di loro, un piccolo spicchio di libertà. Anche qui due opposti che descrivono un unico atto. Necessario e superfluo. Vero e falso. Non esiste, così, una correlazione tra ermetismo e la scienza odierna, tra il pensiero intuitivo e il pensiero empirico, tra il nostro modo di pensare e quello che l'ermetismo ci chiede, le due posizioni sono fatalmente inconciliabili. Non meno vere, false, e inconciliabili. Follia appunto.

COME

Il libro parla in prima persona. Non parla di qualcun altro. L'ermetismo non parla mai terza persona. Parla di te. Vi da del tu. Ma non punta il dito. Non vi dice chi siete. Non vi dice che sbagliate. Vi dice, però, quali strumenti usare per scoprire ciò che potete essere. Che tu sia d'accordo oppure meno. Questo libro è scritto come un manuale e come tale deve essere usato. Non ha una direzione. Né un alto, né un basso. Non è necessario leggerlo in modo sequenziale, anzi, la proposta è esattamente al contrario. Va letto passando da una parte all'altra. Pagina dopo pagina dovrebbe accompagnarvi a una visione differente delle cose, ad avere una alternativa. Nessuna di essa è numerata e progressiva. Le pagine costruiscono un viaggio dove il sentire è più importante della storia. E' la strada di sempre vista con gli occhi di una persona cara. Quello che potete osservare non posso dirlo. Io non posso dirlo e voi, ora, non potete deciderlo. Il metodo è basato sull'osservazione, quindi, quando nella vostra normale giornata osservate qualcosa che vi pone un dubbio, un fastidio, vi incuriosisce, aprite il libro. Oppure semplicemente se vi va di leggerlo fatelo anche senza un motivo apparente. Talvolta lo troverete scontato. Apparentemente lo è riferito al piano di chi lo interpreta. In altre parti sarà incomprensibile o farraginoso. Lo è riferito al piano di chi lo interpreta. Lasciate andare la lettura, senza logica alcuna, lasciando affiorare in voi i raffronti, le immagini, le lacrime e i sorrisi. Il linguaggio, le lettere, non sono costruite per l'ermetismo che di per sé avrebbe più bisogno di immagini e fare riferimento al corpo astratto, alla poesia. Ma abbiamo questo. Se hai intuito la premessa, hai subito la risposta a quello che stai pensando: come faccio a sapere se ho interpretato bene una cosa o aperto il capitolo giusto? Il caso. Quello stesso che non può esistere. Scopo dell'ermetismo è la verticalità, per cui, ecco la seconda domanda che ti stai facendo o che ti farai: in condizioni diverse e per cose apparentemente diverse, possibile possa aprire lo stesso capitolo? Beh, è un po' come se stessi aggiustando una caldaia e, per due guasti diversi, ma che coinvolgono una stessa parte della meccanica, devi leggere le stesse cose cercando suggerimenti non uguali, come la posizione di una vite, quella di una molla, come riuscire a stringere un bullone. Quello che cercate ora non è la stessa cosa per la quale lo avevate usato in precedenza eppure le parole sono le stese. E ora, leggendo, noterai cose che prima non avevi notato, come se prima non ci fossero mai state. La vita la stessa. Le cose le stesse. Eppure. Nelle cose di sempre troverete quello che state cercando. Tra le parole, statene certi, ce ne sono molte che non avete notato, capito, visto. Nelle cose di sempre ce ne sono molte che non avete notato, capito, visto. L'essere muta, cambia, si amplia o si restringe e con essa la macchina su cui stai viaggiando.   Certo essere visto come una macchina, ossia come qualcosa che per la maggior parte del suo tempo risponde a dei comandi, agli stimoli esterni in maniera inconsapevole e automatica, infastidisce anche me. Forse è nuovo il riferimento casuale a una caldaia, in questo preciso momento. Proprio ora. E tutto questo senza togliere nulla alla profondità, alle nostre emozioni, al nostro modo di vedere le cose. Nessuno può dire infatti, se non voi stessi, cosa e come state vivendo. Nemmeno questo libro. L'ermetismo è solo una chiave, un manuale appunto, che vi può aiutare nella comprensione dei fatti, di dove siete, ma soprattutto vi può aiutare a essere, individuando il possibile punto di arrivo. Richiede, l'ermetismo, un salto e la sensazione imprecisa che stia accedendo qualcosa, che si stia afferrando qualcosa, che poi, improvvisamente, sfugge. E questo nonostante si legga e si rilegga. Finché la logica scompare. Il paradosso è ancora in agguato poiché tutto è semplice mentre il nostro modo di vedere le cose è complicato. E' tutto qui, a portata di mano.

1

DISAGIO

Tutto si svolge in parallelo. Ogni cosa cambia, muta, si ispessisce, diventa grande o piccola in parallelo. Tutto all'interno dell'universo. I nostri pensieri, gli oggetti, la scrittura, i minerali, le stelle gli atomi, tutti pervasi dalle stesse minuscole unità, nell'immensamente piccolo così come nel grande. In parallelo ogni elemento che ci circonda, dai pensieri alle cose inanimate, si muove insieme percorrendo le stesse rette in base alla loro qualità intrinseca, alla loro reale identità. Di questa identità teniamo raramente conto. A volte per istinto. Senza saperne il perché. Ecco allora una prima legge ermetica che deriva direttamente da questa matrice comune: comunicare non è la regola ma l'eccezione. Esattamente il contrario di quello che ci aspetteremmo. E' esperienza quotidiana verificare come sia difficile comunicare con gli altri. Questa difficoltà viene acuita nel momento in cui quello che dobbiamo dire ci coinvolge profondamente. Impossibile, a volte, se riguarda il nostro mondo interiore. E così, accettiamo fin da subito che molto di quello che diremmo non sarà compreso e ci accontentiamo di questo. Se infatti ci possiamo non comprendere persino raccontando come deve essere fatta una cosa pratica, ad esempio un dolce, tanto più siamo in difficoltà se dobbiamo spiegare qualcosa che abbiamo scoperto o che ci coinvolge nel profondo. Qualcosa che le parole non sono in grado di tradurre. Qualcosa che pensiamo sia esclusivo per noi e per questo accettiamo tranquillamente l'idea di non essere compresi fino in fondo, lo diamo per scontato. Possiamo arrivare a pensare che l'altro banalizzi il nostro contenuto prima ancora di avergliene parlato. L'altro. Ma l'altro siamo anche noi in un tempo diverso. L'altro siamo noi per l'universo da una prospettiva differente. L'universo che cerca di dirci qualcosa con una carezza, un caffè, un virus, e ci trova sordi, e si sente proprio come ci sentiamo noi nella medesima condizione di voler esprimere e non sapere come farsi ascoltare. Perché se è vero che esprimere o meno una cosa dipende da noi, ancora di più, dipende da noi, sapere ascoltare. Così alcune cose finiamo per raccontarle a pochi. Altre a nessuno. C'è qualcosa, adesso, di effettivamente nuovo che esce dal nostro modo abituale di vedere le cose e che non riusciamo a trovare nel nostro linguaggio ordinario nei termini che soddisfino quello che esattamente vorremmo dire. Accanto a noi, adesso, troviamo qualcuno che sta vivendo la nostra stessa cosa e nella sua intimità sa, come lo abbiamo provato noi almeno una volta nella vita, che gli è impossibile raccontare ciò che lui stesso a malapena comprende. Accanto a noi. Siamo noi ora i sordi senza saperlo. Le parole hanno in sé una loro essenza, un particolare, che è intraducibile e che non dipende dal sapere, dal saperne il significato. Questo indicibile non ha un contenitore. E' come se precipitasse dai pensieri, dalle emozioni. Statene certi lo stesso principio, ora, se non trova spazio almeno in noi, finirà per non farvi trovare il caffè in autogrill, per riscoprirsi in un fiore appena sbocciato o in un piccolo fastidio, o fare capolino in un incontro. In parallelo. Ora per l'ermetismo il nostro intraducibile non è più nostro, solo nostro. Anzi, non lo è mai stato. Il tuo disagio, la tua gioia, quell'intraducibile che senti non appartiene solo a te, non è tuo. Lo senti, certo, forse lo subisci, ma lo condividi con il tutto. E' qualcosa che è del mondo e che, in un certo senso, noi abbiamo la possibilità o meno di comprendere e tradurre. Per l'universo questo intraducibile è un suo principio che sottilmente ci sta attraversando, ci permea, consapevoli o meno. Un po' come l'emozione, la sensazione, di una nota musicale che ci colpisce. Lo strumento è fuori di noi, la nota ci appartiene sino all'istante in cui noi la traduciamo in qualcosa di esclusivo per noi, ma questa traduzione è personale e la musica ci appartiene in modo relativo. Un caffè mancato. Una cosa irrisolta. Un avvenimento per noi intimo per l'universo non lo è. E' visibile altrove. Da un'altra parte nella sua identità essenziale. Ad ogni parola, evidentemente, ogni persona associa un significato diverso. Il linguaggio è soggettivo, perché traduce in modo personale qualcosa di oggettivo, di valido per tutti. Certo. Ma molto più di questo nel mondo sottile di cui è composta, poiché nulla può esistere se non all'interno dell'universo e del suo mutamento. Anche intuitivamente non potrebbe essere altrimenti. E se qualcosa esiste, seppure apparentemente intangibile, deve avere comunque una natura, sia a noi nota che non. Questo appare evidente nel racconto di un sogno. Uno sperimentatore esperto verifica puntualmente che simboli apparentemente identici portano in loro, in persone diverse o anche nella stessa persona ma in periodi diversi della vita, significati e chiavi di lettura diversissimi tra loro. Normalmente pensiamo che esso dipenda dalla persona e dal suo vissuto. Ma questo modo di vedere è troppo riduttivo alla luce della indeterminazione. Il messaggio inconscio associa alle parole stesse con le quali viene descritto qualcosa che nulla ha a che vedere con il sapere, ma rimanda a un aspetto più intimo, essenziale. Questo essenziale descrive il punto esatto dove si trova la nostra coscienza e di cosa ha bisogno la nostra consapevolezza per evolversi. Normalmente ci sfugge dunque qualcosa. Questo qualcosa è in parte definito nella comprensione e con essa possiamo a malapena intuirlo. Capirne il significato ci permette ora di avvicinarsi al significato del principio che sottende le cose e che cerca in noi e nel nostro mondo la forma della sua matrice. Un riflesso appunto dispiegato su un piano. Per comprensione, quindi, l'ermetismo intende il sapere più l'essere. Abbiamo tutti un'idea di cosa significhi sapere ma ci sfugge però il senso dell'essere, ad esempio nella comprensione del linguaggio. E questo, se vogliamo, è curioso. Curioso che siamo affascinati dal sapere e non dalla comprensione. Lo è, curioso, perché ora sappiamo che tanta adesione è dovuta solo al fatto che il sapere è l'unica cosa che sappiamo riconoscere. Misteriosamente, è proprio l'essere che ci permette di gestire la comunicazione, di trasmettere quello che vogliamo dire, che ci permette di comprendere l'altro e soprattutto, quello che ci permette di fare. E' l'essere che si riflette tra i piani, che si rende leggibile oltre le parole. E' l'essere che vorremmo condividere ed è quello che ha il potere di farci sentire soli. Oppure no. Per definire la comprensione, per intuirla, occorre fare un piccolo salto in avanti. Siamo nella condizione di sapere perfettamente gli ingredienti per fare una ricetta di una persona a noi cara. Conosciamo le dosi e persino ci siamo fatti spiegare i vari passaggi. Ma lo sappiamo bene, tra sapere e saper fare esiste una differenza enorme. Ecco, la comprensione è anche questo, è quel passaggio che permette al sapere di diventare reale, di divenire realizzabile. Può accadere anche esattamente il contrario, ossia di trovare qualcuno o di trovarci nella condizione di saper fare una cosa senza sapere assolutamente spiegare come. E questo perché l'essere è esperienziale, procede dall'alto verso il basso, o meglio ha bisogno della sostanza per potersi esprimere in modo compiuto. Dall'alto verso il basso poiché, senza sapere, l'essere, astrae la sua consapevolezza dalla materia e la sua funzione è creatrice. In parallelo l'essere che spinge l'universo, dunque, ha bisogno di sostanza, si materializza, indipendentemente dal suo esito. E noi facciamo parte dell'universo, non ne siamo solo spettatori privilegiati. Le nostre idee, i nostri pensieri, quello che più riteniamo immateriale di noi, fa parte dell'universo. L'essere universale è in movimento. Il nostro essere, anche lui, si sposta nella qualità del tempo, cambia, muta, assorbe le intuizioni. La nostra essenza possiamo così intravederla, scorgerla improvvisamente. Intuirla nel diverso rapporto che abbiamo nella lettura di uno stesso libro a distanza di alcuni anni e a volte solo di mesi. Vi invito a farlo. Il contenuto del libro è lo stesso, evidentemente. Eppure, rileggendolo, troveremo sicurante cose che non avevamo notato, come se fossero lì per la prima volta. Ovviamente non mi riferisco al testo in sé, ma alle considerazioni in noi che esso scaturisce. Il libro non è cambiato. Il nostro modo di poterlo leggere neppure. Ma il nostro essere sì e per questo materializza in noi una comprensione che risuona a un livello diverso di coscienza. Lo sviluppo armonico dell'uomo comprenderebbe, dunque, uno sviluppo in sintonia dell'essere e del sapere. Si riconosce che il sapere possa essere più o meno vasto, di grande o poca qualità. Si riconoscono le persone che dispongono di un grande sapere in un determinato campo e ad esse si attribuisce un grande valore.

Andrea sapeva tutto quello che si poteva sapere sulle moto. Il motore, le performance, i consumi. Tutto. E finalmente un giorno, coronando il sogno di una vita, ne ha comprata una. Bellissima, una moto da gara. Qualche tempo dopo gli chiesi dove fosse stato, che giri avesse fatto. Da nessuna parte, la prima volta che l'aveva usata, a pochi metri da casa era caduto. Si era reso conto che non sapeva guidarla e da allora l'aveva lasciata in garage, coperta da un telo. Non aveva intenzione di riusarla più, per lui andava bene così, l'avrebbe tenuta come oggetto di bellezza. Il potere del sapere è enorme. Quante volte copriamo qualcosa con esso, trasformandolo in oggetto di culto, per la paura di farne una esperienza in essenza. Quante moto abbiamo messo nel nostro garage? Ma l'essere? A questo punto come possiamo definire l'essere? Come per il sapere anche per l'essere si possono fare delle categorie. Le cose che ci circondano possono differire molto tra loro per la qualità del loro essere (ad esempio un animale e una pianta) e così anche gli uomini divergono notevolmente per la qualità del loro essere. Ora sappiamo che a parità di sapere due persone possono avere una qualità del loro essere molto differente. Una distanza enorme. Ora sappiamo anche perché con qualcuno ci sentiamo più a nostro agio e con altri meno, perché con qualcuno riusciamo a parlare e con qualcuno no. Indipendentemente da quanto li conosciamo e frequentiamo, dagli interessi in comune, dall'estrazione sociale. Ma non solo. Ora sappiamo anche la qualità del sapere dipende dall'essere. Lo sappiamo leggendo un libro a distanza di tempo. Se non accresciamo l'essere accumuliamo sapere in una unica forma. All'infinito. All'interno di un unico piano. Il sapere diventa allora ridondante, superfluo, quasi soffocante. Troppo sapere spegne lo sviluppo dell'essere. Quando il sapere supera troppo l'essere quest'ultimo diventa teorico, inapplicabile alla vita. A poco serve aver letto tutti i libri del mondo se poi non li sappiamo sviluppare, se non accresciamo parallelamente l'espressione dell'essenza. Anzi, saper tante cose senza avere la capacità di poterle applicare, di sviluppare la qualità dell'essenza, rende la vita più difficile, la riempie di turbamenti, di perché che non trovano uno scopo, di vicoli cechi Ad ogni livello di essere esiste, quindi, solo una possibile qualità di sapere. Nei limiti di un certo essere, quindi, la qualità del sapere non può essere aumentata, può essere ampliata in quantità, ma le informazioni sono tutte della stessa natura. Riprendendo l'esempio del libro, proprio perché la qualità dell'essere determina la natura del sapere, leggendo il libro in un preciso periodo della vita le nozioni che potrò accumulare dalla lettura saranno tutte sullo stesso piano di consapevolezza. Potrò ricordare anche tutte le parole del libro, ma lo sviluppo di consapevolezza rimarrà limitato al piano dell'essere di quel preciso momento e sarà determinato dalla qualità del mio tempo. Poiché la qualità del sapere sarà della stessa natura, pur aumentato in quantità, lo potrò utilizzare nei limiti dettati dalla sua natura e niente più. Questo per un motivo molto semplice, poiché mentre il sapere si acquista meccanicamente, mnemonicamente, l'essere richiede, per potersi sviluppare, uno sforzo. Lo sforzo può essere volontario, dettato, ad esempio, dalla necessità di conoscerci, oppure involontario e sarà la vita che ci metterà di fronte alla necessità di imparare cose nuove. Nell'esempio di prima, del libro letto a distanza di tempo, posso aver accresciuto il mio essere volontariamente, alla stretta necessità di volere qualcosa in più da me stesso, dall'osservazione, oppure involontariamente, nel caso in cui qualcosa, spesso qualcosa di inaspettato, mi ha costretto a cambiare la mia prospettiva. E spesso questo sviluppo involontario è doloroso. Forse lo è sempre, poiché quando la vita scorre senza scosse l'aspetto meccanico di essa prende il sopravvento. Ovviamente questo stato non ci rende pronti e poiché lo sviluppo dell'essere non è continuo ma procede a salti, ogni scatto genera conflitto. Ogni salto, infatti, ci spinge in un altro luogo dove non è possibile portare quello che sappiamo e ci costringe ad abbandonarlo. L'abbandono, lasciare quello a cui prima eravamo attaccati, quello che prima per noi aveva un valore e con il quale eravamo identificati, poiché rappresentava riferimento per noi e la nostra vita, crea dolore. Questo dolore, questo distacco, ci impone, adesso, di cambiare il modo con cui vediamo le cose. Occorre focalizzare bene la differenza tra sapere e comprensione, senza confondere questi due concetti, se vogliamo diventare coscienti di come sia possibile cambiare radicalmente le proprie priorità e darne un senso. Pensare che se si sa di più si deve comprendere di più è, quindi, un grande inganno che può nuocerci moltissimo. Ognuno di noi osservando sé stesso sa, con certezza, che ci sono periodi della vita in cui ha compreso una stessa idea, uno stesso pensiero, in modo totalmente diverso. Il rapporto con una persona. Il carattere del proprio lavoro. Le amicizie. Le priorità della propria vita. E così ci sembra impossibile, ora, si di aver potuto comprendere così male quello che adesso crediamo di comprendere così bene. E ciononostante sappiamo che il nostro sapere è rimasto lo stesso, e che oggi non sappiamo niente più di ieri. Anzi, spesso, sappiamo anche di sapere meno cose di prima. Il sapere ci ha tratto in inganno. Che cosa è cambiato? Il nostro essere è cambiato. Quando l'essere cambia anche la comprensione cambia. Ora sappiamo cosa è veramente prezioso. Nella nostra epoca il sapere è alla portata di mano di tutti e tutti ci insegnano quanto sia importante. Basta aprire un computer. O sedersi davanti alla televisione. L'essere, invece, lo dobbiamo recuperare da soli perché quello non è a portata di mano. La differenza tra il sapere e la comprensione è materialmente mediata dalla nostra interazione con il mondo, con quello che ci circonda.

Questo rapporto per l'ermetismo non è solo riservato alla mente ma si realizza attraverso più funzioni. Nella visione ermetica, infatti, ogni processo è supportato da una base materiale, una sostanza. L'uomo, infatti, può essere visto, semplificato ermeticamente, in parte come una macchina che funziona grazie a diverse funzioni interconnesse tra loro. In questo modo la comprensione, a differenza del sapere che dipende solo dalla funzione mentale, risulta dal lavoro coordinato di tre centri, mentale, emozionale e istintivo, che rappresentano la nostra interfaccia con il mondo. L'ermetismo ci immagina come avvolti da una nuvola sottile, uno spazio espanso, che si estende al mondo che ci circonda. Da questa interazione, consapevoli o meno, dipende il rapporto con le cose e la nostra comprensione di esse. E' questo il motivo per il quale, ad esempio, un luogo ci può mettere a disagio senza un motivo apparente. E' questo il motivo per il quale una conversazione può risultare sgradevolissima o assolutamente piacevole avendo lo stesso contenuto con persone diverse. E' uno dei motivi anche del perché ci facciamo attrarre dagli umori altrui. Per risonanza, infatti, assorbiamo le disarmonie o le armonie di chi ci sta vicino, attraverso un linguaggio che va altre le parole. Questa mediazione, non controllata, determina anche la differenza tra il sapere e la comprensione. Quando releghiamo la nostra conoscenza alla sola funzione mentale, fatalmente, inneschiamo il processo meccanico di essa, come se ci facessimo condurre in un luogo che non conosciamo bendati e in balia degli oggetti che ci parano davanti. Così non appena non comprendiamo una cosa, e attiviamo il sapere, la funzione mentale, in automatico, subendo le interazioni con gli altri corpi, cerca di trovarle un nome e quando lo trova ci dice di aver capito, che comprende. L'attivazione del centro mentale sostituisce meccanicamente l'impossibilità di ricorrere alla comprensione. Il grado della nostra coscienza, la sua qualità, ignora le altre funzioni, le subisce. Trovare un nome non significa quindi comprendere, ora lo sappiamo. Facciamo una prova. Pensiamo prima a qualcosa che qualcuno ci ha raccontato recentemente e ripercorriamo il processo che abbiamo fatto nell'ascoltarlo. Appena la persona ha cominciato a parlare subito abbiamo collocato il suo racconto in una casella, gli abbiamo attribuito un nome o un significato. In pratica abbiamo fatto ricorso alla memoria e abbiamo accostato il suo racconto a qualcosa di nostro, il più possibile simile a quello che stavamo ascoltando. Improvvisamente non stavamo più sentendo ma, paradossalmente, rivivendo in noi qualcosa di nostro, non dell'interlocutore. Abbiamo cercato di dare un nome, e, una volta convinti di averlo trovato, ci siamo persuasi di aver capito. Immaginiamo ora noi stessi mentre stiamo raccontando a qualcuno qualcosa per noi importante, intima, decisiva, e osserviamo il motivo per il quale sentiamo di non essere capiti.

Osserviamo. Ecco. L'altro, ora che lo osserviamo, sta facendo la nostra stessa operazione. Ha trovato un nome e crede di aver capito. Meglio se invece di usare l'immaginazione facciate questo esercizio in una situazione reale. Il processo è meccanico, irresistibile, potente. Ci stiamo muovendo nell'ordinario. Come avevamo visto, quindi ora sappiamo, la comprensione ha dei gradi, varia, da individuo a individuo, si muove nella qualità del suo sapere al livello del suo essere. La comprensione del nostro racconto, del nostro non detto in esso contenuto, rispecchierà quindi il grado dell'essenza e non quello del nostro sapere. La nostra mente, nella sua espressione concreta, per la sua funzione meccanica, per ogni piano di sviluppo, per ogni grado di essere, è possibile immaginarla molto simile ad un campo ricco di idee preformate e luoghi comuni. Trovare un nome significa riconfermare quello che già sappiamo e sentire o vedere secondo uno schema dominato da una legge, quella della minor resistenza. In maniera analoga a quanto avviene in fisica, anche i pensieri si dispongono seguendo il maggior disordine possibile e la posizione in cui spendono minore energia. Situazione, questa, che genera appunto un campo di idee preformate, schemi, parole che attribuiscono un significato a tutto quello che viene percepito. Ma proprio questo costituisce un vincolo alla comprensione. Contestualmente le altre funzioni, emozionale e istintiva, meccanicamente, si adeguano alla via di minor resistenza e ridisegnano questa struttura facendo ricorso all'identificazione e alla immaginazione. E' intuibile, infatti, che ogni campo sia personale, ego riferito, e nel processo di identificazione si perde il significato originale e soprattutto l'identità essenziale. L'ascolto attraverso la funzione meccanica mentale dipende, infatti, dal vissuto di chi ascolta, e, in generale, di qui in avanti, dall'evoluzione della sua consapevolezza piuttosto che da quello di chi parla. Come se si parlasse con noi stessi ricordandoci qualcosa che abbiamo vissuto. A questo punto, però, abbiamo compreso un aspetto molto importante di noi, e degli altri, in relazione all'essere. L'essere ha una sua caratteristica precisa: è molteplice ed è privo di quelle qualità che solitamente è abituato ad attribuirsi: ego unico, volontà, capacità di fare, unità. Non solo non siamo in grado di avere una identità definita, ma questa muta continuamente durante il giorno. Si, è come se vi dicessi che non sappiamo veramente chi siamo. Io non so chi sono. E se non so precisamente chi sono, come posso sapere quanto riesco a comprendere realmente di ciò che provo e vivo? Certamente, tutto questo è un po' estremo e provocatorio. Non ne sei convinto? Basta osservare che davanti a uno stesso vissuto, qualcosa che hai condiviso con qualcuno, puoi riportare un racconto totalmente differente, anche solo nella dinamica con il quale si è svolto, sul dato che dovrebbe essere assolutamente oggettivo. Le ragioni degli altri non possono essere meno valide delle tue. Cosa è successo? Per scoprirlo il primo passo è mettere in discussione il nostro modo di comprendere le cose e rivoluzionare il nostro modo di pensare a riguardo cercando di rovesciare il mondo. A questo proposito c'è una bellissima storiella. Marito e moglie stanno dormendo in piccola casa nel centro di Calcutta. Come molte persone in India i due dormono per terra ognuno avvolto dalla sua coperta. A un certo punto della notte si sente un forte baccano in strada. Poiché il rumore non cessa l'uomo, avvolto nella coperta con la quale dormiva, decide di scendere in strada. Di lì a poco torna nuovamente il silenzio. Rientrato la moglie gli chiede cosa sia successo e lui risponde di non saperlo precisamente ma di aver scoperto che era colpa sua perché sceso in strada e, trovate due persone al freddo che stavano litigando per una coperta, era bastato che lui gli regalasse la sua che tutto quel litigio finisse. Possiamo decidere di rimanere alla finestra, di scegliere la via più comoda e scontata parlando di comprensione, essere compresi o comprendere, oppure rovesciare le parti e divenirne responsabili, scendere in strada, assumersi l'onere di regalare la nostra coperta. Allora possiamo scegliere di essere un automa che lavora sotto la pressione delle influenze esteriori, di dipendere dai desideri prodotti da queste influenze, di farci imbrigliare nei pensieri che scaturiscono dai desideri per finire di diventare multiple volontà contraddittorie. Oppure. Oppure rovesciare il mondo, attivare l'essenza in noi (io), decidere facendo appello alla volontà per generare funzioni del pensiero dirette dalla coscienza in modo che i desideri seguano i pensieri, che il corpo obbedisca ai pensieri e alle emozioni sottomesse alla comprensione. E' il mondo rovesciato della storiella. Eppure. E qui un piccolo suggerimento. Quando qualcuno mentre stiamo parlando dice "lo so", quando qualcuno sta parlano e noi diciamo "lo so", in quel preciso istante possiamo sapere che è entrato, che siamo entrati, nella fase in cui si da un nome alle cose. La via di minor resistenza nella mente ha fatto appello ai suoi schemi mentali. In quel preciso istante sappiamo che non ci sta più ascoltando, o che noi non stiamo più ascoltando, ma facendo appello alle sue esperienze la mente segue un percorso tutto suo, dominato dall'immaginazione e dall'identificazione. Questo vale anche soprattutto per noi. Ora però, siamo nella condizione di sforzarci, rompere la via di minor resistenza e di mantenere l'attenzione. Mentalmente si tratta di fare un passo indietro, creare uno spazio vuoto, mettendo l'attenzione sul respiro, e di ascoltare senza porre giudizio o legami. Per farci capire occorre dunque, in base alle cose che abbiamo detto fin qui, adottare un linguaggio che tenga in considerazione due cose: l'evoluzione possibile dell'essere e la relatività. Appare chiaro, infatti, che il punto da cui parliamo, che è anche lo specchio del nostro mondo psicologico, è comunque un punto di vista relativo. Lo studio della evoluzione della consapevolezza è un lavoro di tipo psicologico. La psicologia alla quale l'ermetismo fa riferimento non è l'analogo della psicologia così come viene intesa in modo ordinario. La psicologia ordinaria studia l'uomo così per come è o per come potrebbe sembrare essere. La psicologia che ci interessa studia l'uomo per come può diventare, nella sua evoluzione possibile. Questa importante differenza porta con sé alcune fondamentali considerazioni. In primo luogo, in questa veste, la psicologia non è una scienza recente ma molto antica, presente in molte religioni, manifestazioni artistiche, e in ogni dove vi sia stato l'intento dell'uomo a progredire il suo stato di consapevolezza, a cercare per l'essere un passo in avanti. Inoltre, e questo è l'aspetto saliente, in questo modo di vedere, la funzione mentale, il suo rapporto con il mondo, è solo una delle molte funzioni da prendere in esame. E ogni evento, ogni posizione, ogni forza presa in considerazione, sia materiale che psichica, avrà sempre una sostanza materica con la quale esprimersi, sarà reale nello stesso modo con il quale si può intendere reale una mela o un sasso. Ogni elemento avrà una identità essenziale, secondo il principio polare di materia e energia. La psicologia sarà per noi lo studio di principi, leggi e di fatti relativi alla evoluzione possibile dell'uomo su più piani di coscienza e trarrà spunto da ogni cosa sia possibile, da ogni elemento, indipendentemente dal credo, dal luogo, poiché ogni cosa è un pretesto, un modo per andare oltre la regola e trovarne l'essenziale. Il perché diventa come e le domande servono a trovare un modo per cambiare il modo di vedere le cose per poterle comprendere. Lo scopo è cambiare la qualità dell'essere. Lo studio dell'evoluzione di questa identità sottile è anche lo studio dell'evoluzione in genere. In correlazione ad essa. Senza una logica causale. Lo studio dell'evoluzione degli ultimi anni ha verificato che essa, anche in natura, non procede per gradi ma per salti secondo la teoria degli equilibri punteggiati. Per procedere da uno stadio all'altro occorrono dunque condizioni particolari che, in generale, non possono essere semplicemente la selezione naturale né la trasmissione genetica. Per gli animali occorre un luogo che sia spazialmente isolato dagli animali della stessa specie e nel quale intervengano delle precise mutazioni Per analogia quale posto migliore avremmo se non la nostra identità più nascosta, il nostro io più sottoposto a pressione. Possiamo dunque dedurre che, anche per l'essenza, per noi, l'evoluzione non può essere meccanica, lasciata al normale scorrere delle cose per come sono e non può avvenire senza sforzi coscienti o per ereditarietà, semplicemente perché qualcuno ce lo racconta. Possiamo lasciare alla vita il compito di metterci di fronte alla necessità di cambiare, spostare il nostro essere in avanti, oppure cercare di fare quello sforzo in modo volontario. Se l'evoluzione domina l'universo, statene certi, che nulla ci potrà sottrarre da questa condizione di cambiamento. A questo punto poco importa se gli eventi si succedono proprio perché la legge di Heisemberg non accetta la casualità e quindi ci spinge verso una direzione precisa oppure avvengano per caso. Comunque è meglio trovarci preparati nel saper affrontare ciò che potrebbe farci soffrire. In effetti l'uomo non è un essere compiuto. Ha la necessità di evolvere la sua coscienza. Il suo compito è analogo alla spinta al cambiamento che possiamo osservare nella natura, guardando un fiore piuttosto che un animale. Nasciamo così due volte. La prima nella nostra forma fisica, come essere umani. Quindi come coscienza, consapevolezza di noi. Noi sappiamo di esserci e con noi tutto l'universo, non potendo distinguere l'uno dall'altro se non attraverso il processo di identificazione. In maniera analoga a quanto accade a ciò che osserviamo nella natura, l'evoluzione ci spinge al passo successivo, ora identificati, ora io, dobbiamo riconoscerci parte di un tutto. Ma solo pochi assorbono il cambiamento, si adattano a questo. Molti resistono, con dolore, ad esso. Altri, con dolore, ritornano sui loro passi, rimanendo a un bivio, in tensione tra ciò che erano, e non sono più, e il riconoscere di avere la necessità di vivere in modo differente. Fingono. L'evoluzione, infatti, non considera il singolo, ma la moltitudine sullo stesso piano. E procede al di là del singolo. E' per questo il punto di arrivo, dopo il salto, come dicevamo è un essere differente, diverso dal primo. E' quel senso di incompiuto che possiamo avvertire in alcuni periodi della vita. Quel non senso che ci pone in discussione tra quello che siamo e quello che non sappiamo dovremmo essere. E che inevitabilmente ci impone a cambiare la nostra comprensione. In questo modo il salto dell'essere, il nostro mutamento, diventa comprensibile solo per coloro che si muovono sullo stesso piano. Persone con essere differente hanno capacità di comprensione differente, E così come un minor stato di coscienza non può espandersi a piacere a quello successivo, al contrario, una coscienza superiore comprende quella allo stato precedente senza trovare le parole per poterlo raccontare, proprio per le caratteristiche dell'essere. Se avete compreso qualcosa e volete raccontarlo a chi non ha fatto un percorso analogo al vostro le vostre parole saranno sterili, suoneranno come semplici e puerili, e, scese nell'identificazione, verranno interpretate in qualcosa di differente. Per poter alzare il piano di lettura di chi vi ascolta dovreste accompagnare ciò che dite a paralleli facilmente idealizzabili, procedendo a piccoli salti, in modo che chi ascolta possa spostare la sua attenzione dalla funzione mentale a quella emozionale, lasciando spazio all'intuizione. E' per questo che il Vangelo si esprime in parabole. Non importa se siete credenti o meno. In questo percorso non interessa. Osserviamo solo il libro, il Vangelo, scritto per percorrere un tratto all'interno dell'essere. Allora anche voi vi dovete comportare come se vorreste far fare una salita a qualcuno che, non abituato, volesse cominciare a cimentarsi in una camminata. Lo dovreste preparare, facendogli fare prove sempre più impegnative. Uno scalino alla volta. Nessuno può dunque fare un lavoro sull'essere per un altro. Nessuno si può portare sulle spalle un altro in questo cammino. Nessuno può sostituirsi alla sua capacità di essere. Poiché se il sapere può essere spiegato, l'essere no. L'essere è esperienziale, va vissuto. Ecco svelato il mistero di non sentirsi più compresi anche da coloro che fino ad un istante prima lo potevano fare. Ecco perché improvvisamente possiamo non trovare più appaganti quei rapporti che erano consolidati fino a poco tempo prima. La necessità improvvisa di cambiare amici, compagni, modo di vivere. O anche semplicemente di avere un modo nuovo. Il nostro essere è mutato e con esso il suo linguaggio. Parliamo, ora, una lingua ignota e incomprensibile e anche se vorremmo non siamo in grado di farci capire. Ovviamente può accadere anche il contrario e non riuscire più a comprendere qualcuno o qualcosa che prima ci sembrava così chiaro. Nelle zone di campagna, dove sono cresciuto io, era normale da bambini giocare, torturare, gli insetti o i piccoli animali, come le lucertole ad esempio. Adesso, nello stesso contesto, per un bambino sarebbe impensabile farlo o anche solo pensarlo. La coscienza procede oltre e la consapevolezza precede le norme. Quando la consapevolezza si organizza le norme e leggi diventano superflue. Nel rapporto genitoriale questo è normalmente accettato, consolidato dal ripetersi delle cose per le varie generazioni, comprendere più di coloro che ci hanno preceduto. Per contro diventa evidente che quando è il genitore a progredire in comprensione, lasciando i figli allo stato precedente, la differenza di stato genera conflitto e frustrazione. Si può dire allora che molti dei disagi che noi avvertiamo, il non senso, il vuoto, l'ansia dell'incompiuto, ci appartengono come forza evolutiva. Sicuramente non dipendono da noi in senso stretto, poiché li subiamo, ma sta a noi collocarli nella giusta direzione e sfruttarli E' la pressione stessa per la quale siamo spinti a evolverci e grazie alla quale possiamo o meno diventare più consapevoli, che ci crea i disagi maggiori. E' la stessa situazione che abbiamo provato da bambini, ad esempio, nell'affrontare una cosa nuova nella quale scorgevamo l'ombra del pericolo. Come se fossimo su uno scivolo molto alto, bambini, e qualcuno improvvisamente ci spingesse giù. Tra la spinta e il primo momento, lì, esiste un attimo in cui si prova un misto di emozioni contrastanti. Ora quello stesso sentimento, in alcune situazioni della vita, possiamo trasporlo nel nostro mondo psicologico, all'oggi. Stiamo scivolando. Tra il punto di arrivo e quello di partenza esiste appunto un salto, un anello mancante. Tale salto tra l'uomo nella sua condizione ordinaria e quello con nuove qualità è possibile solo se riusciamo a realizzare in noi tutte le qualità che abbiamo e che generalmente noi ci attribuiamo o immaginiamo di avere. L'uomo in effetti non si conosce affatto e quello che ritiene di sapere di sé stesso, almeno in parte, è spesso assolutamente falso. Noi non ci conosciamo affatto. Diciamo, per semplificare, che nel nostro stato ordinario siamo una macchina che reagisce ai fattoti esterni o interni. L'ermetismo afferma che nel suo stato ordinario l'io è frammentato e ci dice che la nostra personalità muta continuamente durante il giorno, cambia velocemente la propria visione delle cose, cambia in maniera istantanea il suo stato d'animo, il suo umore, le sue considerazioni. Non ci sono dubbi al riguardo. Volete sperimentare la frammentazione del vostro io? Facciamo un piccolo esperimento. Domani mattina uscite di casa con il proposito di essere positivi, di sorridere alle cose qualunque cosa accada. Prenderete allora, adesso, un foglio e dopo aver cercato in voi la predisposizione alla positività, alla serenità, scrivete le sensazioni che sentite, riempite pure la pagina di aggettivi che meglio vi qualificano in quel momento. Attenzione, e su questo vi devo avvisare, che l'esercizio è potente poiché per la legge della risonanza, avendo spinto l'io verso una condizione forzata, sicuramente avrete involontariamente costretto le vostre zone d'ombra all'emersione. Il risultato è semplice e vi troverete, per risonanza, proprio ad affrontare ciò che più vi infastidisce. Così durante la giornata, nonostante il vostro proposito e quanto scritto, il vostro io ruoterà come una girandola, seguendo la danza delle vostre emozioni. Probabilmente vi dimenticherete anche dei vostri propositi iniziali e finirete per dire che il vostro esperimento non ha senso. Ora, rientrati a casa leggete il vostro foglio, che avete lasciato in bella vista su un tavolo, e vi sarà chiaro che non siete minimamente quella persona descritta in aggettivi solo poche ore fa e i vostri propositi si sono sgretolati subito. L'uomo deve dunque acquisire diverse qualità prima di poter passare a un gradino superiore della sua evoluzione: capacità di fare, individualità. ego permanete, coscienza, volontà. A questo punto, però, occorre porsi la domanda: che cosa è la coscienza? L'uomo ha da sempre cercato una definizione di coscienza e il luogo dove essa risiede. Anche la scienza si è cimentata in questa ardua ricerca nel complesso dedalo delle sinapsi senza riuscirci. Per l'ermetismo la coscienza è la coscienza di chi siamo, di noi stessi, di dove siamo, di cosa sappiamo o non sappiamo, del nostro rapporto con l'esterno, in un preciso istante. L'istante è definito da una qualità del tempo ben definita. Si tratta, ovviamente, non del tempo cronologico, ma del suo principio che nella sua forma ermetica possiede una precisa identità, una qualità definita sia dalla personalità che dall'essenza. Queste affermazioni non sono logiche e poiché la comprensione a un dato livello di coscienza non può esimersi dall'utilizzo della mente concreta, quella ordinaria, che è una mente polare e ragiona, quindi per opposti, la sua reale comprensione ci rimane come intuizione. La logica, infatti, non può concepire il tempo se non come una successione continua di eventi e non concepisce il presente. Possiamo intuire questa qualità se pensiamo a particolari momenti della vita, brevi istanti, in cui ci appare chiara una straordinaria lucidità, la sensazione di assoluto distacco dal resto del mondo, proprio come il tempo si fosse fermato, proprio come se per un attimo non fossimo più riconoscibili realmente agli altri. Presenti a noi stessi. Ecco il sapere chi siamo e cosa stiamo facendo in determinato spazio. Una definizione semplice che porta con sé una serie successiva di affermazioni. La prima è che solo noi sappiamo per noi stessi quale sia il nostro grado di coscienza. Nessuno può sapere chi siete. Non fatevelo raccontare, non sperate in quel senso, non aggrappatevi a nessuno. Solo voi potete fare il lavoro su voi stessi, solo voi sapete a che punto siete. Voi siete il maestro, la malattia e la cura. E' inutile dire che non sto parlando del confronto o dell'ascolto, ma di voi, nel vostro profondo. La coscienza, quindi, non è mai permanete. Lo abbiamo visto, muta, cambia, viene spinta dalle emozioni, dai pensieri, si modifica nel tempo trovando spazio in ampiezza. I più alti momenti di coscienza creano la memoria. E in effetti se pensiamo a ciò che ricordiamo con più nitidezza cogliamo subito il senso di questa affermazione. I momenti di non consapevolezza vengono dimenticati per cui l'uomo si crea l'illusione di un continuum mnemonico del tutto inventato. Quando ricordiamo qualcosa solo una parte di questo ricordo è vera, reale, il resto è frutto della nostra fantasia. La mente si riorganizza sempre, non accetta gli spazi vuoti. Quindi la coscienza ha dei gradi e differisce in ognuno di noi per il tempo, la durata di quanto riusciamo a mantenerla, per quantità, quante volte si è stati coscienti, e per la sua qualità, di che cosa si è stati coscienti. Si può sempre ampliare lo stato veglia consapevole. L'uomo infatti può conoscere quattro tipi di coscienza: il sonno, la veglia relativa, la coscienza di sé e la coscienza obiettiva. Nel sonno, a meno di particolari condizioni, generalmente la coscienza di sé è praticamente nulla. Viaggiamo subendo le funzioni emozionali e mentali, in uno stato di passività. Naturalmente questa è di per sé una semplificazione del vero stato del sonno e delle sue funzioni, e, poiché anche su quest'ultimo si può lavorare in maniera attiva, queste affermazioni valgono per i più, per noi stessi, nella condizione ordinaria. Quando invece parliamo di veglia relativa ci riferiamo al modo con cui noi ci rapportiamo al mondo durante il giorno. Relativa poiché, come abbiamo visto, nelle nostre normali condizioni invece di agire attivamente, governando mente e emozioni, piuttosto le subiamo rispondendo meccanicamente al mondo esterno. La coscienza di sé è rara, generalmente si forma e appare chiara nei momenti di pericolo. Declinando al mondo delle idee il pericolo è anche e soprattutto psicologico, immateriale. Osservandoci bene notiamo che questa reazione compare frequentemente nella nostra vita di relazione, nello svolgimento del nostro lavoro, nei nostri rapporti personali, e generalmente genera uno stato ansioso. L'istinto di sopravvivenza ci spinge, infatti, a maturare una fugace coscienza di sé. Essendo spinta da un moto involontario è necessariamente breve. Tendiamo inoltre a dimenticarla proprio perché altrimenti dovremmo constatare cosa significa non averla. In generale la coscienza di noi stessi rimane come traccia di memoria, come vivido ricordo. Se ci domandassimo se adesso siamo coscienti molti di noi risponderebbero di sì. Mi spiace, ma dubito sia la risposta giusta anche se in realtà questa domanda ci induce istintivamente a ricordarci di noi anche solo per qualche istante. L'uomo è convinto di essere sveglio ma si addormenta continuamente. Proprio così, immediatamente il nostro io accende la modalità a bassa energia. Infine la coscienza obiettiva è propria di chi ha svolto con successo un grande lavoro contro la via di minor resistenza e la minor quantità di energia, ha superato il vincolo dello sforzo cosciente ed ha eseguito un salto nel dominio della coscienza. E' impossibile comprendere appieno questi individui poiché lo scarto tra quello che siamo noi e quel livello di coscienza è troppo elevato. Per un fenomeno di risonanza ci è impossibile dallo stato di veglia relativa o coscienza di sé comprenderli. Al contrario loro hanno una coscienza contenitiva che ci comprende. Per comunicare con noi non gli rimane che parafrasare i loro concetti in un linguaggio verticale, uno strumento che abbia più modi di lettura, qualcosa che permetta alla coscienza la comprensione per intuizione. A questo livello la ragione viene annullata. Gli esempi che più si avvicinano a questo linguaggio è l'utilizzo della poesia, delle storielle, delle parabole. E' possibile quindi diventare coscienti attraverso i giusti sforzi. Il nostro punto di arrivo, quello che esso comporta, nel nostro stato attuale per la legge della relatività non lo possiamo nemmeno immaginare. Solo capendo questo concetto possiamo iniziare un lavoro serio. Erroneamente se pensiamo che il detto 'conosci te stesso" sia relativo a ciò che proviamo, sentiamo, pensiamo, e in generale alla nostra personalità, compiamo un errore enorme. Dimentichiamo, infatti, che questo principio ermetico si basa sulla distinzione dell'uomo proprio nei due aspetti, la personalità e l'essenza, che abbiamo visto. L'essenza è innata e manifesta le attitudini di ognuno di noi. Si avvicina molto al concetto scientifico di memoria genetica, essendone il suo corrispettivo in ambito razionale. La personalità è invece acquisita per imitazione e può essere cambiata. Un esempio tipico è quello del gusto 'mi piace, non mi piace'. Quando la personalità domina l'essenza ecco che l'uomo comincia ad amare ciò che gli è stato insegnato e a comporre i suoi gusti in base all'area geografica nel quale è nato.

Spesso si instaurano abitudini così nocive. Lo stesso esempio si può trasporre nel mondo della moda, dove il gusto è dominato dalla personalità. Anche il tratto istintivo che dovrebbe guidarci verso quello che meglio fa per noi è distorto dalla personalità. In natura gli animali sono guidati dall'istinto verso ciò che più è necessario per loro. Il loro corpo fisico, infatti, domina le altre funzioni e la personalità si esprime ancora poco. Al contrario possiamo trovare uomini che hanno un'essenza fortemente sviluppata e mancano di personalità. Lo sviluppo armonico dell'uomo presuppone l'integrazione di entrambi questi aspetti. Tutti i centri, razionale, emozionale e istintivo, si muovono tra essenza e personalità. Un loro lavoro corretto presuppone una esatta conoscenza di essi per ciascuno di essi. Occorre dunque sapere bene quali siano i lati della nostra personalità che si oppongono alla conoscenza di noi stessi e che l'ermetismo riconosce nei tratti meccanici, ossia in quelle attività che invertono il corso della coscienza, precipitando dall'esterno e ai quali rispondiamo ubbidendo a un riflesso. La menzogna ne è un esempio e noi mentiamo spesso. Lo facciamo quando parliamo di cose che non conosciamo come si conoscessero. Mentiamo ogni volta che attribuiamo al mondo esterno l'esito del nostro umore o quando rovesciamo a nostro favore l'esito di un evento. Non è colpa mia se quando stavo facendo questo ho dovuto rispondere al telefono e il latte sul fuoco si è tutto rovesciato sul fornello. E' nostra abitudine, infatti, abbassare al nostro livello di comprensione quello degli altri e di essere convinti che nel modo con cui noi comprendiamo sia valido per tutti. E del resto, abbiamo visto, sarebbe anche difficile farci comprendere qualcosa che è troppo distante dal nostro stato. L'immaginazione entra in gioco quando osserviamo o viviamo l'intorno che ci circonda, seguendo il ritmo delle nostre associazioni, facendo riferimento a non quello che è ma a quello che noi immaginiamo sia, e nutrendo le emozioni negative come l'autocommiserazione, la collera, la paura, il sospetto. Parlare. Le manifestazioni come la menzogna, l'immaginazione, le espressioni negative, il parlare hanno bisogno di due aspetti particolari per sopravvivere: l'identificazione e la considerazione. Se non ci fossero questi due aspetti primari i quattro meccanici svanirebbero. Per questo lavoro si devono quindi vincere l'illusione di conoscersi, l'illusione di poter contare su noi stessi e infine cercare di non abbassare tutto quello che ascoltiamo al nostro livello di comprensione, abbandonando l'associazione delle idee. Il linguaggio che si basa sulla comprensione si basa sulla possibile evoluzione dell'oggetto preso in considerazione e sulla sua posizione relativa per l'uomo. Poiché quello che evolve è la sua coscienza, la sua posizione in questa scala sarà basata sul grado del suo essere. E' strano, ma questo ci dice proprio che le osservazioni che facciamo adesso, in questo istante, per una determinata situazione potrebbero essere del tutto differenti tra solo pochi istanti. Il loro valore, perciò è sempre relativo, pur gravi che siano. Non di meno, in parallelo, il nostro sviluppo procede all'unisono con le idee, i fatti, gli accadimenti, le parole, le persone, in ogni istante, per la stessa natura. L'essenza si riflette in parallelo e scrutando l'intorno il suo riflesso riappare così nel sottile come nello spesso della materia. E così potremmo osservarci fuori di noi, per quell'istante, per quella qualità temporale. La solitudine è un artefatto della mente. E cosi assaporiamo la felicità ogni volta che, facendo una scoperta, il nostro io riconosce qualcosa di proprio nel mondo che lo circonda e in questa operazione si scopre parte del tutto.

2

E' DIFFICILE

E' difficile, Il flusso delle emozioni si muove con noi. Cambia direzione, si affaccia al mondo, si sostiene. Incessantemente l'immanente ci colpisce facendoci roteare, salendo verso l'alto, piacevolmente, per poi scendere in basso, fatalmente, con lieve dolore. Siamo spesso così, in balia di quel che incontriamo. E non ci sarebbe alcun male se. dall'angolo del nostro io, guardassimo noi stessi in questo perenne volteggio, come bambini su una giostra, provando l'ebrezza del girotondo godendo del presente. L'ermetismo non chiede di non provare, non vuole allontanare, non pretende di non sperimentare, anzi, ci chiede di non astenerci, chiede l'immersione, ma al tempo stesso di mantenere vigile la nostra coscienza del sé, di sfruttare il singolo momento per scoprire qualcosa in noi che sia lo specchio dell'universo. Sempre in parallelo seguendo un percorso verticale. "E' difficile" perché questa espressione la sentiremo dire spesso durante la nostra giornata. Vi invito fin da ora a fare caso, ad essere presenti, nel momento in cui la penserete o la pronuncerete. Vi invito, in quel preciso istante, a fare un passo indietro e a rammentare se quello che avete appena detto, sentito, "è difficile", è utile. Esistono delle frasi, dei luoghi comuni, che sono veri di per sé ma che non aggiungono nulla di nuovo. "E' difficile" è uno di questi. Certo che lo sappiamo che "è difficile" il lavoro su se stessi. "E' difficile" è proprio uguale a molte altre frasi che sono formate dal centro meccanico intellettivo. Sono frasi che non aggiungono nulla di nuovo a quel che siete, si muovono nella personalità, richiamano la qualità dell'essenza di chi le pronuncia in orizzontale. Quando le sentite rammentate che la persona che l'ha pronunciate sta viaggiando in automatico, in uno stato di veglia relativa. Spesso "è difficile" è accompagnata dalla frase "vorrei vedere te..." "se succedesse ..." "se però...". Quando queste frasi si affacciano in noi in quello che stiamo facendo, o le sentiamo, la personalità è in emersione, non l'essenza. Allora aggiungere qualsiasi cosa seguendo il medesimo grado di risonanza accresce il sapere in quantità e si finisce per parlare per parlare e fare uso della menzogna. In questo non aiutiamo né noi stessi né gli altri. L'unica soluzione possibile e fare ricorso al come e non al perché delle cose. Come possa cambiare il modo con il quale vedo il mondo, come i fatti e le persone che incontriamo riflettano il nostro io, le nostre zone d'ombra, come la vita, che rimane la nostra migliore insegnante. operi in modo tale che le cose accadano alla nostra personalità e in parallelo al mondo, seguendo il suo naturale sviluppo, nell'attimo stesso in cui siamo incentrati su noi stessi. Il mondo è perfetto così, non vi è nulla da cambiare. Ci sarebbe un inganno maggiore che dire che se le cose cambiassero fuori di noi la vita sarebbe molto migliore? Pensateci bene. Esiste un inganno maggiore di quello di demandare al mondo esterno la possibilità per noi di essere migliori o di vivere meglio? Possibile che tale dipendenza sia il percorso giusto? Demandare a qualcosa di altro, a qualcun altro, la possibile felicità, la possibilità di dirci chi siamo. Basta anche e solo pensare a tutte le cose che vi hanno infastidito, ora scomparse, e verificate come queste siano state sostituite da altre e così via, seguendo un elenco infinito, impossibile da colmare. All'infinito, giorno per giorno, per un attimo, visto da dentro, schiavi del fuori. Possiamo vivere la nostra vita come se fosse giornalmente un elenco di cose da fare in cui poter dire "finalmente ho finito" per dover poi ricominciare? Marianice aveva l'abitudine di ospitare chiunque lo volesse alla sua grande villa al mare. E tutti noi, amici di suo figlio, approfittavamo della sua ospitalità. In cambio, a turno, uno per giorno, la mattina presto, c'era la signora che ci consegnava una lista di cose da fare. Prendevamo la bicicletta, convinti di cavarcela con poco, e iniziava il giro. Puntualmente, dopo due o tre ore, si rientrava e sempre, sempre, non eravamo riusciti a portare termine tutte le commissioni. Ma non era un problema, Marianice era pronta subito con il piano B, una seconda lista di nuove cose da fare. Succedeva che, arrivata la sera, ci arrendevamo alla possibilità di poter portare a termine all'incarico assunto. Il mattino seguente ecco consegnare al nuovo di turno la lista con le cose incompiute del giorno precedente più le nuove, e così, per tutta l'estate. E così, se non osserviamo quello che accade, se ci lasciamo alla meccanicità, sempre con la nostra lista infinita. Si potrebbe dire, con orrore, che per qualcuno quella lista da allora non è ancora finita. Ecco che il "come" diventa allora fondamentale e questa è l'unica cosa che possa dipendere unicamente da noi, che può cambiare la vita perché non è lei che cambia (sarebbe impossibile) ma siamo noi. In parallelo, seguendo le linee di forza degli archetipi. La lista di Marianice ci accompagna scivolando di fianco ai nostri pensieri. Il perché non interessa. Parlare per parlare, dicendo ovvietà, ora ci credo o non ci credo, mi piace o non mi piace, non interessa più. E' in questo senso che S. Paolo dice che tutte le cose sono in lui e tutto è uno. Oltre il dualismo. In questo stesso momento state giudicando ciò che avete appena letto e ognuno si starà facendo una sua opinione. Osservate questa operazione del pensiero e mettetevi nell'ottica di cercarne l'utile. Poiché non è importante chi dice una cosa, o dove è scritta, ma come questa possa aiutarvi nella ricerca della consapevolezza. Quale è dunque l'ambiente che ci interessa? E' quello che studia tutti i meccanismi e le leggi che regolano lo sviluppo dell'uomo per come può diventare. E' quello che ci può indicare come poter essere veramente noi stessi, come poter diventare ciò che siamo. Non sono poche leggi che regolano la relazione dello sviluppo dell'io, lo sviluppo della consapevolezza e conoscerle è importante quanto conoscere la legge di gravità. E' una legge ad esempio "ama il prossimo tuo come te stesso". Sfida la meccanicità, trasforma l'attenzione verso l'altro in come, toglie il perché. Ed elimina "è difficile". Esistono "è difficile" grandi come una casa, così immensi che il loro peso ci schiaccia al suolo, ci toglie il respiro. Alfio aveva preso un gesso e si avvicinava alla lavagna. Gli era stato chiesto di spiegare l'evoluzione. Nel silenzio generale della stanza, mentre tutti si interrogavano su cosa stesse facendo, aveva tracciato una freccia enorme che occupava l'intero spazio disponibile della lavagna e, all'interno di essa, un microscopico puntino bianco. - Questa è la terra -disse indicandolo- e noi siamo una parte ancora più piccola, infinitesimale all'interno di esso. Se allora la freccia è l'intero universo e lui ha scelto una direzione appare chiaro che se anche non siamo d'accordo con esso almeno per convenienza dovremmo andare dalla stessa parte-. L'evoluzione. Davanti a "è difficile" enormi, insopportabili, abbiamo solo due scelte, scegliere il come cercando di riprendere il viaggio o sparire. Quello che scompare per primo è il nostro stato di coscienza, la nostra consapevolezza implode nella personalità e cessa di esistere. Per la meccanica quantistica è impossibile determinare contemporaneamente la posizione e la velocità di una particella. Trasponendo questo principio all'immensamente grande, malgrado nel piccolo, nell'atomo, sia facilmente immaginabile, questo principio diventa un rebus. E' un po' come se dicessimo che una mela appoggiata a un tavolo, in momenti diversi, la possiamo trovare anche sotto di esso, senza che nessuno l'abbia toccata, poiché, lo sappiamo, la materia è costituita soprattutto da vuoto. Eppure, se pure ci appare inverosimile, la legge è vera. Se la trasportiamo nel mondo psicologico, la stessa legge cambia i parametri con cui si può osservare l'intorno intorno a noi e lo spazio si dilata, la materia sfugge, la mente, le emozioni, i pensieri, richiamano la loro natura di materia e energia, diventano solidi. La freccia immensa dell'universo si scompone in forze e la natura delle cose appare del tutto connessa. Abbandonare "è difficile" allora è un obbligo per avere una nuova possibilità, per poter vedere le cose in un modo differente che ora neppure intuiamo. Dietro quella frase, ora lasciata a sé stessa, esiste qualcos'altro. Dobbiamo solo fare un atto di negazione sapendo che qualcosa d'altro è assolutamente alla nostra portata. Nessuno ve lo può raccontare, nessuno ve lo può descrivere poiché ogni nuovo modo essendo esperienziale e legato all'essenza può essere solo provato. "E' difficile" è dunque un'operazione della funzione mentale che ora domina l'aspetto istintivo ed emozionale. Poiché in questo stato la mente è soggetta alle forze passive per svolgere la sua funzione induce lo stato emozionale a spostarsi su questa lunghezza d'onda. In questo modo, in maniera del tutto automatica, ci ritroviamo a fare e reagire come probabilmente non vorremmo.

Funzione emozionale←forza passiva→funzione emozionale meccanica←centro magnetico

Contro ogni nostra volontà, il centro emozionale, che è dotato di magnetismo per i sottili della sua stessa natura, si riempirà di sentimenti e immagini negative, proiezioni future dall'esito incerto. Il centro istintivo, che subisce l'azione dei due centri e che reagisce più velocemente dei precedenti, interagendo con gli H più spessi della materia, si disporrà in modo da fuggire al pericolo, anche se immaginario, e i movimenti diventeranno incontrollati, dominati dalla fretta, dall'agitazione. Adesso "è difficile" non ci appartiene più, domina completamente la nostra personalità, ossia è acquisito, ed è totalmente estraneo all'essenza. Osservarlo, ora, ci permette di capire che siamo in uno stato di automatismo assoluto, ci permette ora, di scartare ogni sua premessa. E' qui, in questo piccolo spazio che si crea, tra il nostro io, le nostre identificazioni, e quello che osserviamo, che possiamo cominciare a guardare.

3

NON COMPRENDO COME POTEVO NON COMPRENDERE

Quando parliamo crediamo di comprendere ed essere compresi ma raramente lo facciamo. La comprensione, in considerazione del sapere e dell'essere è rara. Ci vuole allora un metodo, facile da usare, che ci permetta di sintonizzarci con colui con il quale ci stiamo rapportando. Lo strumento è semplice, è una scala. Una scala che relativizza la qualità dell'essere per ogni grado e ne specifica per esso il tipo di sapere. La scala è dunque una misura del mondo che ci circonda. Ovviamente la scala è uno strumento, un principio necessario fin dove la coscienza non riesce a farne una ragione propria, a superarne la necessità. Le leggi che noi adottiamo non sono altro che la percezione dell'armonia dominante tra la nostra ragione e i fenomeni del mondo. Questo è il tratto d'unione con cui l'uomo è legato al mondo. Il riconoscimento della propria identità fuori di noi. Questo rapporto mediato attraverso una legge è però necessariamente incompleto poiché solo l'amore è, per sua stessa natura, comprensivo. Solo con l'amore si riconosce d'essere più di sé stessi. E' un fatto comune che le gioie e i dolori di coloro che amiamo sono per noi più di quando sarebbero se riguardassero direttamente noi stessi. E ciò significa che ritroviamo la nostra essenza in chiunque amiamo. E' un piccolo specchio dell'amore del mondo, della sua consapevolezza, dell'unità dell'universo. Applicando questa legge a ogni manifestazione, sia nello spesso come nel sottile, sia nel mondo interiore dell'uomo come in quello esteriore, la realtà può essere divisa in sette categorie. La scala è priva di giudizio, a noi serve solo per collocare quello che ci interessa in una data posizione per poterla comprendere meglio. Ogni punto è relativo, non meno vero dell'altro, solo visto da un'angolazione differente. Ancora grazie alla scala possiamo seguire lo sviluppo dell'essere e del sapere dell'uomo. Al primo gradino abbiamo il sapere imitativo, mnemonico. A questo livello l'essere è istintivo, legato alle sensazioni che riceve dall'esterno. Risponde agli stimoli memorizzando le risposte, riempendosi di riflessi automatici. Al secondo livello abbiamo il sapere che esprime il mi piace non mi piace. Qui l'essere corrispondente ha una natura emotiva, vive di emozioni. Le sue decisioni, anche se sono meno rapide dell'essere del primo livello, sono comunque veloci, senza il controllo della ragione. Al terzo livello troviamo il sapere logico, analitico, letterale. Qui l'essenza correlata è quella teorica, mentale. L'essere esprime un fare razionale, logico. Al livello quattro il sapere esprime idee oggettive. L'essere qui comincia a esprimere la sua unicità, è sceso dalla ruota delle emozioni e della ragione e osserva senza rispondere di riflesso agli stimoli esterni. Al livello cinque il sapere diventa unito, non più frammentato. L'essere è unico, sfugge alla frammentazione e l'io diventa cristallizzato. I livelli successivi, il sei e il sette, esprimono un sapere e un essere non concepibile dai livelli precedenti. Il sapere e l'essere confluiscono insieme, non è più è possibile distinguerli è non è possibile descriverli in alcun modo né immaginarli. L'uomo al livello uno ha il centro di gravità della sua vita psichica nel centro motore. E' l'uomo del corpo fisico, in cui le funzioni dell'istinto e del movimento predominano su quelle del pensiero e del sentimento. Qui troviamo le persone che amano la loro fisicità, la cura ossessiva delle loro funzioni fisiche. L'uomo al secondo livello è allo stesso piano di sviluppo del primo ma il centro di gravità della sua vita psichica si trova nel centro emozionale. La sua essenza si nutre di emozioni di cui ha bisogno costantemente. E' colui che sfida la sorte per una attimo di adrenalina. Può essere anche l'uomo coraggioso e in lui lo svolgimento dell'impresa è più importante dello scopo di essa. L'uomo al terzo livello è anch'esso sullo stesso piano di sviluppo del primo e del secondo, ma quello che predomina in lui è il centro intellettuale. E' dunque l'uomo che ragiona, che ha una teoria per tutto quello che fa, che argomenta, che accresce il suo sapere leggendo più libri possibili. Per ogni epoca, per ogni cultura, questi tre uomini che viaggiano con un'essenza sullo stesso piano, hanno di volta in volta, rappresentato l'ideale. Il carattere del loro sapere è molto diverso e il loro approccio al mondo differente. Apparentemente così differenti in personalità, realmente così uguali nell'essenza. L'uomo quattro non è nato quattro. Mediante un atto consapevole ha fatto un salto nella scala relativa e ha acquisito un centro di gravità permanente che è fatto delle sue idee. I centri istintivo, emozionale e mentale hanno incominciato ad equilibrarsi e a lavorare all'unisono. La comprensione diventa l'oggetto del suo interesse e il metodo della sua osservazione sul mondo. Nei primi stadi di sviluppo crediamo di essere sempre presenti, di avere una coscienza attiva, di essere al livello quattro, ma ora sappiamo che non è così. Mi spiace, ma siamo ancora ai primi tre livelli. Finiamo allora per mentire a noi stessi, immaginando che non sia così e parlare di cose che invece non conosciamo affatto. Il parlare per parlare è un sintomo evidente di questa condizione. A questo livello, infatti, si esprimono congetture, si ricerca il perché, ma non si attivano strumenti che possano riguardare il come. Nessuna definizione di coscienza può aiutarci finché non comprendiamo quello che vogliamo definire. Ci accorgiamo quindi che nei primi tre stadi dormiamo, in una veglia relativa, credendo di essere coscienti senza esserlo. Così molte cose che facciamo durante il giorno le svolgiamo in automatico, senza pensarci. Per chi fa un tragitto abituale, magari in macchina, è facile riscontrare di quante volte ci si trova all'arrivo senza nemmeno ricordare il percorso fatto. Una meccanicità che, erroneamente, pensiamo, sia relegata solo ad alcune cose che facciamo, ad esempio proprio alla guida, e magari pensando che sia una scelta volontaria. A questa meccanicità attribuiamo anche delle connotazioni positive, poiché la mente converte, utilizzando particolari ammortizzatori, attraverso la via di minor resistenza, la convinzione che le azioni inconsapevoli siano in realtà atti volontari. La consapevolezza, infatti, il riscontro oggettivo, impone uno sforzo, un dispendio di energia. La nostra giornata è piena di tragitti inconsapevoli, di meccanicità. Sia sul piano materico che su quello immateriale. Siamo in grado di fare molte cose in automatico, dormendo, anche di parlare in automatico, di pensare in automatico. Qui però le parole inconsapevole, inconscio, e automatico, assumono un significato del tutto diverso da come siamo abituati ad usarli. Ecco che allora ci accorgiamo che dobbiamo assumere qualità che credevamo di avere ma non abbiamo. Vari ostacoli si frappongono allo stato di veglia, alla piena coscienza di quello che siamo e di quello che stiamo facendo. Il primo, molto potente, è l'immaginazione. E sì, già immaginiamo di essere svegli. In questo momento, adesso, leggendo, siamo assolutamente convinti di esserlo, svegli. Eppure. Questo eppure, l'ombra di un piccolo dubbio, la possibilità di non essere ciò che pensiamo di essere, questo è il primo passo necessario. Bisogna abbandonare la nostra proiezione di noi stessi, l'immagine che ci siamo creati dandoci delle etichette basate sul sapere, sulla personalità. Più la personalità si espande, più questo lavoro di emersione, di abbandono, risulta difficoltoso. Siamo, qui, con una spiccata mancanza di volontà. Sicuramente questa frase non fa bene ai più, stona. Avere volontà non ha nulla a che fare con la forza con la quale si persegue un obiettivo, poiché, per come abbiamo visto, il sapere ai primi stadi dell'essere si muove all'interno dello stesso grado di essere e la volontà, a questo livello, è una espressione della personalità. Basandoci sull'essere, nei primi tre stadi, persone con sapere diverso, sono, nell'essere tutte uguali. La volontà, infatti, deriva da un io armonizzato che invece, quando è multiplo, è soggetto solo ai desideri dei sensi e di ciò che proviene dall'esterno. Solo avendo chiaro quale siano le nostre possibilità si può attuare la volontà. L'abitudine di parlare per parlare cedendo alle abitudini altro non è che l'espressione delle emozioni negative dovute al cattivo lavoro dei centri e ai processi di identificazione. Cosi, ad esempio, la considerazione del giusto o non giusto non è più conseguenza di un'azione consapevole, un dato oggettivo di una coscienza non più frammentata, ego unico e volontà unica non soggetta a influenze esterne, ma piuttosto l'espressione della coscienza ai suoi livelli più bassi, dove l'essere vive con un sapere dalle qualità limitate. Per ogni epoca, per ogni circostanza, in noi, di volta in volta, il giusto o meno, muta sotto il riflesso di stimoli meccanici. Nel tentativo di liberarci di questi ostacoli tendiamo, anche ora, in questo preciso istante, ad abbassare tutto al nostro livello di comprensione, impedendo di fatto, alla coscienza di andare oltre. Non ci rimane che chiarire come possiamo divenire più consapevoli. Ecco che allora è importante conoscere quei meccanismi che possano farci meglio comprendere la nostra natura. Domandiamoci quali possano essere le nostre possibilità. Dobbiamo scoprire dentro di noi delle funzioni e delle manifestazioni che possiamo entro certi limiti osservare. Nel momento in cui cominciate ad osservarvi qualcosa in voi si mette in moto e inizia la nostra personale lotta contro l'immaginazione. Inoltre, a questo livello, si osserva un flusso continuo di pensieri a cui è difficile tener testa. E ancora che malgrado io vi possa dire di ricordarvi di voi stessi voi non potete farlo nel momento in cui tentate di osservarvi o in altre parole non potete diventare più coscienti quando io ve lo dico, o voi lo vogliate. Questo è il punto essenziale di chi vuol aumentare la sua consapevolezza: ricordarsi di sé stesso. Per questo deve lottare contro i pensieri meccanici, lottare contro l'immaginazione, vincere la legge della minor resistenza, non disperdere la propria energia nel parlare per parlare. Ora possiamo tener presente che abbiamo fatto una breccia nel muro nella nostra meccanicità. Il primo atto è anche e solo nel sapere, nel sentire, che noi non siamo presenti e nel renderci conto che possiamo esserlo. Ora, con la comprensione della necessità di un cambiamento, il lavoro comincia. In relazione alla scala della consapevolezza, e in analogia con la legge della relatività, possiamo costruire una scala che appunto chiameremo scala della relatività. Per passare da uno stato all'altro occorre energia. Più siamo consapevoli meno energia consumiamo poiché siamo meno travolti dalla ruota degli eventi esterni. E se i primi tre stadi racchiudono caratteri diversi, queste persone, nell'ottica della consapevolezza, sono uguali, tutte uguali. La vera individualità emerge solo ascendendo la scala, verso l'alto. In questa emersione nessuno può vedere lo stato di consapevolezza nel quale siamo. Torniamo un attimo, allora, su due concetti, evoluzione e consapevolezza. Sappiamo, ora, che per evolvere in consapevolezza, in un campo cioè che sia psicologico, occorre uno sforzo. La pressione evolutiva che ci spinge a farlo, è la "forza di non senso" o il senso delle cose che possiamo ricercare al di là del nostro vivere quotidiano. Questo smarrimento, di cui faremmo certamente a meno e che ci pesa, si trasforma per noi in qualcosa di molto importante perché è la forza propulsiva che ci spinge a cercare. Come tutte le forze non fa distinzione, viaggia per conto suo, come viaggia per conto suo il cambiamento climatico, o il vento, e a noi sta solo la possibilità di riconoscerla e di sfruttarla. E' in sé, dunque, neutra. In più, e questo è importante, non è nostra. Non ci appartiene. La subiamo, assolutamente. Fai volare via il senso di colpa. Il non senso appartiene al mondo come la pioggia, il sole, una nuvola. E qui già entriamo nel merito delle cose perché per noi, fatto straordinario, tutto ciò che accade alla nostra personalità non è di per sé né positivo né negativo e neppure nostro. L'aspetto duale della vita, così come ci appare, è un mezzo conoscitivo molto importante che però ci deve condurre più in alto, sopra gli opposti. Allora diciamo che le cose e i fatti che ci accadono possono esserci utili o no, e solo questo, nel nostro stato attuale, possiamo realmente fare. La vita, allora, è perfetta così. Lo so. Questa affermazione fa male. A me che la scrivo, a voi che la leggete, ma non potrebbe essere altrimenti. Per ogni piano, certamente, espandibile in consapevolezza, ma per ogni piano posta esattamente al suo livello di materia, di sapere. Sarebbe un po' come dire, al contrario, che un elettrone non è al suo posto, o che sia ingiusto sia lì, poiché tutto è connesso, così in alto come in basso. L'universo non fa cose fuori dall'ordinario o da se stesso, altrimenti imploderebbe e scomparirebbe. E questo vale per ogni piano, materiale, immateriale, psicologico. Fa male, lo so. Fa male se pensiamo ai fatti dolorosi della nostra vita. Alle incomprensioni. Ai tradimenti. Alla solitudine. Alla separazione. All'amore non corrisposto. Eppure. Potrebbe essere un solo elettrone in un posto sbagliato? Potrebbe l'universo aver fatto un solo microscopico errore? Abbiamo visto che l'evoluzione procede a salti e che l'uomo per poter trasformare la sua coscienza deve acquisire le qualità che ancora non possiede e che invece crede di possedere. L'immaginazione è uno dei nostri maggiori problemi. La vita, da qui, lontani dal nostro centro, appare proprio come una cosa confusa e frammentaria, un mare in cui i fatti ci portano con loro come se tutto fosse in balia di una tempesta. La nostra personalità, il nostro aspetto più esterno, viene veramente portato alla deriva, veleggiando ovunque le forze passive lo vogliano. Ecco perché l'emotività, l'aspetto tamasico della vita, viene spesso descritto come acqua. Così in alcune tecniche di rilassamento la prima cosa che viene fatta è quella di immaginare uno specchio d'acqua calmo. Il riflesso calmo e non più confuso della vita ci offre, allora, una prima riflessione della realtà. Accade proprio come avviene nel neonato in cui, nei primi mesi di vita e nella vita fetale, la corteccia ipotalamica, quella ancestrale. invia alla corteccia tutta una serie di informazioni tramite la fase REM. Abbiamo paragonato la nostra mente ordinaria a un campo in cui gli schemi che ci siamo fatti ci mantengono in bilico tra situazioni opposte. Poiché non siamo in grado di gestire quanto ci accade il campo si riempie di tutto quello che può provenire dall'esterno. Immaginiamo allora che l'uomo possa avere funzioni differenti che organizza, per poter funzionare, proprio come se fosse una macchina, anche se non è piacevole fare questo riferimento. Ricordiamoci però che il nostro scopo non è il perché, ma il come. Se facciamo attenzione al come tutto è contemporaneamente vero e falso e nulla è necessario se non un pretesto per fare emergere l'essenza. Per fare questo salto in avanti l'ermetismo individua nell'uomo sette funzioni precostituite. La prima che prendiamo in esame è quella mentale. Ogni funzione ha un suo centro che coordina la sua interazione con le altre funzioni e con il mondo esterno. Il centro intellettuale è diviso in due, positivo e negativo, cosicché per l'ermetismo la mente è duale. Ciascuna delle due parti è divisa a sua volta in tre funzioni: meccanica, emozionale e intellettuale vera e propria. Quando noi ci troviamo nella mente ordinaria, nel campo per intenderci, utilizziamo la mente meccanica. Ad essa appartiene il centro formatore, quello che ci fa parlare per slogan, che dice "è difficile". Qualcosa ci ha portato fuori dal nostro schema e il centro formatore "com'è difficile" ci riporta nei binari consueti. La mente si muove in automatico, da sola. Il punto è: siamo padroni noi di questo campo? Occorre attivare, per cominciare a gestire noi stessi, la mente creativa, la parte intellettuale. Per farlo, però, dobbiamo almeno minimamente conoscere i meccanismi con i quali si muove la mente ordinaria, meccanica. La vita osservata attraverso degli schemi conduce a una visione delle cose che non è nostra, che spesso non ci appartiene, ma che abbiamo ereditato da un condizionamento esterno o interno, sempre da chi o qualcosa che lo ha fatto per noi. La parte meccanica acquisisce infatti per imitazione. Nella pittura, nell'arte, ad esempio, le avanguardie sono capite inizialmente da pochi ma poi, con il tempo, la visione che danno della bellezza è compresa dai più. Quale valore ha dunque la mente imitativa, il condizionamento? Ha un valore conoscitivo, in orizzontale però, poiché non è in grado di dare una visione d'insieme delle cose, non ha la consapevolezza di quanto accade. E' qui che si colloca la fede e il credo. E a volte non è possibile altrimenti. Ama il prossimo tuo come te stesso. Questa frase non ci appare come strana, magari irraggiungibile, ma non strana. Proprio "ama il prossimo tuo come te stesso" enuncia una legge ermetica, ma chi può esserne consapevole? Allora non rimane che accettarla almeno per fede. Per questo gli schemi possono e sono utili poiché ci possono collocare con la personalità dove non potremmo arrivare con l'essere. Ma non sempre è così e solo la comprensione può, per ogni livello, spingerci a quello successivo. Ad ogni passaggio gli schemi si rompono, scompaiono, non sono più necessari. La morale ha un suo posto prima della consapevolezza, ma una volta raggiunta la visione d'insieme la morale non serve più. Non abbiamo bisogno, adesso, di una legge che ci dica che uccidere un'altra persona non è bene, eppure nella storia dell'uomo non è sempre stato così. E per questo non dovete credere assolutamente a tutto quello che trovate scritto qui, non importa affatto. Ma cercate di rubare qualcosa, anche e solo una cosa, e di verificarla puntualmente. Cercate voi stessi di vedere le cose! Se le cose che accadono intorno a noi ci sfuggono, seguendoci in parallelo, precipitano dal sottile alla materia, necessariamente si esternano e la nostra sorte interiore dipende da noi, da noi dipende la possibilità di emergere in essere, di tradurre in dolce o amaro ciò che, di volta in volta, ci si para di fronte. E' la storia di una donna, sposata ad un uomo petulante, che aveva sempre di che chiedere a Dio. Le sue lamentele erano così insistenti che un giorno Dio decise di accordargli tre desideri da esaudire però, in fretta perché proprio non voleva più spendere del tempo con lei. Allora la donna per prima cosa decise di far sparire il marito. Subito si sentì meglio e leggera. Ma ecco che i vicini di casa e gli amici, venuti a sapere che suo marito era scomparso, cominciarono ad arrivare a casa sua e ben presto, tramite i loro racconti, si accorse quanto il suo compagno fosse stato gentile con lei e di quanto l'amasse. Si decise allora a esprimere il suo secondo desiderio e lo fece ricomparire. Ora però non ne rimaneva che uno solo da esprimere e non sapendosi decidere chiese aiuto a Dio che gli consigliò di chiedere di essere felice qualunque cosa gli fosse accaduta. La fede, nella storiella, indica all'uomo cosa deve fare ancora prima che ne possa essere consapevole. La nostra essenza si evolve e ci regala la nostra identità. Per poter passare da uno stadio all'altro e ovviare alla fede occorre energia come ci si deve aspettare da un sistema che cambia il suo stato vibrazionale passando da uno inferiore ad uno superiore. La natura ci soccorre, ripropone le sue leggi per ogni piano, si riflette. La follia dell'ermetismo. Qualcosa di assolutamente non ordinario. Una visione differente, assurda, non congrua al nostro modo di vedere le cose. Oltre e irrazionale. Inspiegabile a parole. Un'intuizione, un'idea, un brandello di coscienza, come un quanto di luce che attraversa lo spazio, in un altro modo, in un altro sistema. La coscienza cattura l'energia trasportata dalla luce nella fotosintesi clorofilliana. Un quanto di luce in una definita massa costituiscono il fotone e la sua idea, che dal sole, dall'essere in divenire, colpiscono la clorofilla e con essa la società e i suoi elettroni, ora uomini. La clorofilla può, noi possiamo, riflettere il fotone deviando la sua traiettoria e allinearci all'impossibilità di accogliere una nuova intuizione osteggiandola, essere attraversati senza rimanerne influenzati e diventare tolleranti ma incapaci di ascoltare, o assorbirne l'energia cambiando il nostro stato in modo che l'intuizione con il tempo dia origine a fenomeni diversi. Tanto di questo archetipo si può perdere, può cambiare l'integrità di ciò che siamo e assumendo moti imprevisti finire per autodistruggerci o distruggerci nello scontro con altri, oppure, cambiata la nostra identità originaria, può farci legare con chi prima era distante. Per la clorofilla l'assunzione di un fotone coincide necessariamente con la salita, evoluzione di coscienza, verso uno stadio di eccitazione più elevato di un suo elettrone. La salita verso l'alto richiede apporti energetici successivi di energia luminosa, di intuizioni e passaggi per gradi fino all'ultimo, al numero sette a cui appartiene la possibilità di apparire sotto forma di energia luminosa fluorescente, Gesù, Buddha, e tanti altri oppure di convertirsi chimicamente in glucosio, pane, e nutrire la consapevolezza del mondo nell'ombra. L'aspetto fluorescente corrisponde alla decisione di riapparire nella parte bassa della scala come energia luminosa per preservare l'integrità di tutta la struttura. Il sistema ha ricevuto un sovraccarico di energia come intuizione e la clorofilla ora società non è più in grado di convertire quello che ha assunto in una trasformazione. Il sistema è più lento in uscita della quantità di energia ricevuta, e idee, in entrata e così, se qualcuno non si sacrifica, magari su una croce, e torna indietro, tutti quegli elettroni che non hanno già raggiunto l'eccitazione massima, e sono lontani dal settimo livello, si perdono. La legge della relatività è qui una affermazione dell'esistenza di un unico principio assoluto la cui manifestazione può essere osservata solo in maniera relativa. La descrizione di uno stesso fenomeno si riflette in due diversi sistemi. Dalla scala della relatività, deriva la legge di risonanza. La legge di risonanza dice che la comprensione è possibile solo tra coloro che hanno lo stesso stato di consapevolezza, come un diapason che messo in prossimità di uno strumento analogo in vibrazione dopo un certo periodo di tempo comincerà a vibrare con il La di quest'ultimo. Questi due strumenti non posso che suonare la medesima nota e per loro non esiste che quella realtà, al resto sono completamente sordi. Impossibilitati ad esprimerci altrimenti risuoniamo delle medesime situazioni, delle medesime parsone. In questo caso, non c'è da meravigliarci se ci ritroviamo sempre lì, se insistiamo sempre lì. Non avremmo altre possibilità poiché siamo sordi al resto vibrando sempre allo stesso livello di energia. Il nostro essere si muove in orizzontale accumulando sapere e esperienze della stessa qualità. Saremmo sordi a qualsiasi suggerimento. Non potendo fare diversamente, finiremmo per attirare solo quello che dipende da noi. Le stesse persone, le stesse situazioni, anche desiderando qualcosa di fortemente diverso. Un paradosso, no? Artefici sino in fondo del nostro destino che non appare più tale ma logica conseguenza di ciò che dobbiamo divenire. Il caso si annulla, sparisce. E il mondo si rovescia.

4

CHI SEI?

Siamo dunque nella condizione ordinaria un automa che lavora sotto la pressione di influenze esterne, dai desideri prodotti da questo automatismo e quindi dai pensieri che, procedendo da questi ultimi, generano multiple volontà contraddittorie prodotte dai pensieri. Sta all'io creare funzioni del pensiero obbedienti alla coscienza e alla volontà e potenze emozionali e desideri obbedienti al pensiero intelligente. Solo così il corpo obbedisce ai desideri e alle emozioni sottomesse all'intelligenza. Se disegniamo l'uomo in questo modo possiamo immaginare di frazionare ciascuna delle sue funzioni, poiché per l'uomo, per noi, nello stato di veglia relativa, le cose ci accadono immaginando, al contrario, di averne parte attiva. Semplificando siamo divisi in diversi corpi o centri: uno fisico e istintivo, uno emozionale, uno mentale, sessuale e infine, un centro emozionale e intellettivo superiore. Esiste di fatto una correlazione numerica ben precisa che si astrae in un piano eterico. I numeri, infatti, che partecipano alla costruzione della mente astratta, sono un simbolo molto potente. Pensare che la loro nascita, nella storia umana, sia legata alla semplice necessità di contare, è, per puro opposto a quel che si ritiene vengano usati oggi, riduttivo. La mente, nella sua funzione ermetica, non è certamente solo uno strumento che fa appello alla logica e quella parte delle mente concreta che siamo normalmente abituati a usare. Come ogni funzione, infatti, è più simile a una nuvola di sottili funzionali, più espansa della sua correlazione fisica, l'apparato neuronale, ma dotata di una fisicità emozionale e mentale che non sono osservabili e paragonabili a nulla a cui possiamo riferirci. Questa indeterminazione ci permette di scoprire e vivere su altri piani di coscienza, che non sono il sonno o la veglia relativa, dove le regole per come le conosciamo ne sono solo un riflesso. Nell'esempio dei numeri sul piano fisico hanno la rappresentazione e il valore che noi gli attribuiamo giornalmente, ma basta spostare di poco il piano di osservazione e passare a quello emozionale, ad esempio, che essi cambiamo fortemente la loro natura. Per un attimo possiamo scorgere quello che dico quando facciamo riferimento a una data per noi significativa. Il significato che attribuiamo a quei numeri hanno una identità che non ha nulla a che fare con il significato corrente. Se questo piccolissimo concetto lo spostiamo verticalmente, lo allontaniamo notevolmente dai nostri piani più prossimi, allora possiamo intuire come i numeri possano cambiare la loro natura. Così nella prima sequenza il primo corpo ci spinge nell'istinto, fortemente al mi piace o non mi piace, al pregiudizio. E' sicuramente un centro seducente poiché ci impegna poco e per la via di minor resistenza, ci consente di spendere poca energia. E' il corpo carnale, quello fisico. Al centro emozionale, due, lasciamo invece il compito della relazione, delle emozioni che dipendono direttamente da canali della personalità. Questo centro si struttura sul confronto emotivo e, per l'ermetismo, costituisce il corpo astrale, naturale. Per sua natura tende a ampliarsi, a espandersi ed è riconoscibile perché ad esso ascriviamo le sensazioni "a pelle", quelle che definiamo più dal sentire e sono senza alcun ragionamento. Con il centro mentale, tre, operiamo le comparazioni logiche, razionali. E' questo il corpo spirituale, poiché dalla sua astrazione possiamo passare alle intuizioni sia che siano di natura emotiva, ossia senza alcuna identificazione, o che siano della ideazione, che costituiscono il corpo causale. Ogni centro, ovviamente, si divide nelle sue tre componenti meccanica, emozionale e mentale. Così nella funzione meccanica possiamo trovare questi tre aspetti. La gestione dei movimenti rappresenta la sua parte meccanica, l'umorismo quando il centro si esprime nel suo aspetto emozionale, quella mentale quando utilizziamo delle frasi fatte. Adesso ci è chiaro che quando parliamo per parlare, facendo ricorso all'ovvio, quando non aggiungiamo nulla di nuovo, siamo al minimo sforzo e di energia, in completo automatismo. In questa condizione è impossibile comunicare con gli altri, farci ascoltare o aggiungere loro qualcosa di nuovo. A questo livello la relazione con il mondo è impossibile e lo stato di coscienza si fossilizza nel sapere a un grado di qualità definito. Il sapere, ce lo ricordiamo, può aumentare anche a dismisura in quantità ma è solamente mnemonico. Con il corpo emozionale, attivato il suo aspetto meccanico, scopriamo il piacere del movimento, dell'attività fisica. E' un piacere istintuale, non ha una ragione razionale. Attivando la sua parte emozionale, questo corpo, sviluppa il senso estetico, il piacere per il bello. A questa funzione, alla sua parte mentale, ascriviamo il piacere per la conoscenza, per il sapere. Con il corpo mentale, nella sua parte meccanica, è possibile eseguire operazioni difficili. E' il caso, ad esempio, dell'azione ripetuta nel tempo nell'utilizzo di macchinari complessi. Nella sua parte emozionale è a questo centro che dobbiamo l'ideazione artistica, l'immaginazione creativa. Il centro magnetico. In analogia con il magnetismo sulla materia ferrosa, è un centro attrattivo o repulsivo molto forte. Infine, proprio al corpo mentale, nella sua funzione mentale, si devono le intuizioni. Tutto quanto nella sua descrizione può apparire farraginoso, seppur semplificato, noioso, ma ciò nonostante, adesso, dovrebbe esserci un po' più chiaro per legge se non per consapevolezza perché qualcuno, ad esempio, prova piacere nel compimento di un massimo sforzo sportivo. Ed anche perché qualcun altro non riesce a comprenderlo. Sono due individui che si muovono all'interno della personalità e sullo stesso piano ma, in questo caso, parlano due lingue tra loro incomprensibili poiché stanno subendo il mondo attraverso due centri differenti. La visione che hanno delle cose è il riflesso di due corpi differenti. Stanno reagendo alla stessa cosa nello stesso modo, ossia attraverso l'azione di un centro, e quindi in modo non dettato dalla loro volontà, ma sono entrambi convinti delle loro ragioni. Sono, siamo, convinti che tali ragioni siano le nostre, che esse facciano capo al un io unico che esprime la sua volontà e invece. E invece stiamo subendo l'azione meccanica di come siamo fatti ed è un po' come se un computer decidesse per noi. La nostra vita è piena di questi esempi. Notarli significa essere consci dell'aspetto meccanico con il quale il nostro io nel suo stato di vibrazione, al suo livello di energia e nel tentativo di risparmiarla, interagisce con il mondo esterno. Il nostro io, allora, spinto dall'azione dei primi tre corpi, ruota velocemente, cambiando repentinamente il suo stato, il suo umore, la sua visione delle cose e del mondo. L'io risulta così frammentato. Poiché siamo ego-riferiti siamo anche convinti che questo giro vorticoso non dipenda da noi, dai meccanismi che ci governano, ma dall'esterno e così facendo demandiamo ancora di più ogni aspetto della nostra giornata a quello che c'è fuori di noi. Vi devo dare una cattiva notizia. La nostra felicità dipende da noi. Accidenti! Anche la felicità altrui non dipende da noi. Accettarlo è il punto di partenza per lo sviluppo di un io armonico. Bisogna partire dal presupposto che quello che siamo, quello che osserviamo in noi, è comunque il frutto di milioni di anni di sviluppo. Ma ancora di più è lo scotto necessario perché si possa manifestare il bello che c'è in noi. Come l'attrito permette alla macchina di procedere in avanti così le parti che più ci infastidiscono sono ciò che ci permette di cogliere il resto. Non c'è pace maggiore, né felicità più grande che accettarsi. Il mondo allora si colora. Occorre coltivare una mente, uno spirito, che veda oltre i limiti della nostra giornata, del mese e perché no, anche della intera vita. Ogni volta che il nostro io abbandona i limiti che gli abbiamo imposto, il mondo ristretto nel quale si è rinchiuso, che smette di cercare affermazione nell'ambito della personalità in contrasto con il resto, ogni volta che il nostro io si riaffaccia all'infinito, permette alla nostra personalità frammentata di emergere alle soglie della coscienza. Avete deciso di vendere la casa, il giorno dopo in cui l'avete venduta scoprite che sta andando a fuoco. Vostro malgrado vi sentite allora sollevati pensando a come siete stati fortunati. Poi, in un istante, realizzate che il contratto di vendita è dentro la casa e che sta bruciando con essa. Allora cominciate a disperarvi, dal sollievo alla disperazione finché qualcuno vi ricorda che il contratto l'avevate portato via con voi in macchina e allora, malgrado la casa stia ancora bruciando, ritornate alla calma. Poi però vi ricordate di aver portato la macchina a lavare e di aver tolto tutti i documenti che erano in essa. E così via. Osservandoci durante ogni singolo giorno molte case sono bruciate in noi. Una casa per ogni io. E ciascun io ha bisogno, per affermarsi, di energia. E alla fine del giorno siete spossati dalla girandola a cui vi ha spinti la vostra frammentazione. Ma il nostro scopo non è quello di sbarazzarci delle varie personalità, né quello di cancellarci come persona, né quello di farci trascinare da ogni casa che brucia, ma piuttosto quello di armonizzare i vari frammenti tra loro e di scartare, all'occorrenza, quelli che sentiamo più inutili. Il metodo che ci permette di rimettere ordine in questa frammentazione è l'osservazione. L'osservazione è un metodo non violento, assolutamente incruento, molto potente. Consiste semplicemente nell'osservare senza giudicare quanto ci accade e di verificare in esso il nostro grado di identificazione. Osservare significa fare un piccolo spazio di silenzio, mettere un io in un angolino a guardare senza intervenire, senza giudicare, come se colui che agisce, colui che è visibile, fosse un attore. Uno spazio dove ci sia una frazione di immobilità. Naturalmente per fare questo dobbiamo comunque proporre un io che faccia questo genere di lavoro e questo io lo chiameremo "maggiordomo". Con l'osservazione questo io assume nella nostra personalità una grandezza sempre maggiore e l'osservazione non fa altro che spostare l'energia che abbiamo a disposizione nella frammentazione all'io maggiordomo. Più in particolare l'Io maggiordomo corrisponde alla figura archetipale della casa come simbolo nei sogni. Utilizzarlo significa adottare l'osservazione come angolo in noi all'ombra dei pensieri, uno spazio silenzioso, non razionale, non ragionato, dove vale il sentire. Noi, l'essenza, che utilizza l'io maggiordomo nella doppia osservazione. L'essenza e la personalità si incontrano così e la corretta direzione della volontà comincia a prendere forma. Ovviamente, lo voglio ribadire, l'io maggiordomo è anch'esso uno strumento del corpo causale. Fare riferimento a un solo io, adottare questo piccolo stratagemma, ci permette di rendere le nostre funzioni più governabili, ci permette di discernere in modo migliore il vero dal falso e di fare appello alla volontà e di meglio comprendere i nostri schemi mentali.

5

FASTIDIO

L'osservazione si serve della constatazione, ossia la registrazione consapevole di quello che sta accadendo senza giudizio. Questo esercizio appartenente molto semplice aumenta il nostro ricorso al noi, alla nostra presenza. Abbiamo visto, infatti, che generalmente viviamo immersi nelle cose che facciamo, meccanizzati, e che raramente, magari a causa di una intensa emozione, ci ricordiamo di noi. La coscienza vive allora in un perenne stato di sogno, nell'immaginazione. Quando cominciamo a chiederci chi siamo percepiamo di non essere solo ciò che possiamo vedere e ciò nonostante, vivendo tanto a lungo l'esperienza con il corpo come se fosse l'unica realtà possibile, fatichiamo a uscire da questa identificazione. Questa convinzione è talmente radicata che, indipendentemente dagli studi compiuti, dalle esperienze fatte, dall'età, l'intera consapevolezza viene ricondotta interamente al piano fisico o a una rappresentazione di essa sullo stesso piano. Un nome. Un lavoro. Un dolore. Un successo. In realtà il corpo, il piano fisico, è solo uno dei molti modi possibili in cui la nostra vera identità si esprime. Tenta di alzarti dalla sedia. Adesso. Proprio ora. Lascia il libro. Osserva attentamente. Capirai presto che non è il tuo corpo che si alza ma qualcos'altro. Fallo a occhi chiusi. Lascia libera la mente. In silenzio. Il tuo corpo è semplicemente uno strumento che obbedisce ai tuoi ordini. Quando ci osserviamo attentamente scopriamo che esiste un centro interno che ha il potere di farci sedere, di spostarci o di aspettare, se vogliamo. Questo centro ha la possibilità di essere nostro alleato o anche di essere il nostro peggior nemico, è la fonte della salute o della malattia, ad esempio. Ora ampliamo questa piccola intuizione. E' possibile allora che ci sia ancora qualcosa che ci sfugga? Possibile che questo centro, questo movimento che ci spinge ad alzarci, non sia solamente la mente alla quale abbiamo pensato subito attribuendo un nome per avere una spiegazione. L'ermetismo va oltre la logica consueta, sposta l'attenzione oltre la mente concreta Vuole di più e non si accontenta. Così, ad esempio, l'atteggiamento che noi abbiamo nei confronti della nostra salute è il fattore più importante per poterla realizzare. Molte persone, in effetti, vogliono essere malate, tristi e infelici, e coltivano questa tendenza fino a diventare ciò che desiderano. In seguito, poi, smarriti, non vogliono accettare di essere loro stessi responsabili di quella situazione. E' importante diventare consapevoli che per essere sani non basta una buona dieta, delle medicine o altro, ma che importante è un buono stato della mente. Per realizzarlo occorre, prima di tutto, intuire che la mente a cui ci riferiamo pensando a noi stessi, non è la funzione mentale che conosciamo. La mente che usiamo abitualmente è la mente concreta. La nostra tendenza naturale è quella di riflettere sulle esperienze passate, i campi delle idee preformate, o di immaginare cosa il futuro ci potrebbe riservare, ma così, immersi nel passato o nel futuro, non impariamo a vivere il presente. Questo presente a cui mi riferisco non è, non è, quello cronologico al quale ci riferiamo normalmente. Nel momento in cui pensiamo al presente ermetico questo non esiste più, proprio perché non è l'espressione del mondo misurato da un orologio. E' impossibile pensare al presente e viverlo allo stesso tempo tuttavia, una volta compreso il significato di "ora", abbandonato il passato e ogni proiezione sul futuro, incominciamo a vivere in un modo differente. Il presente non è quindi un aspetto cronologico del tempo, ma una sua precisa qualità. E nello stesso modo non lo è neppure il passato, né il futuro. Quale sia la qualità distintiva di questo modo è impossibile alla descrizione letterale. E' dunque un atto legato all'essenza e come tale non può appartenere alla personalità. Ognuno di noi, però, nel corso della vita ha modo di sperimentarlo, spesso in modo involontario, spesso di fronte a una grande paura o un grande dolore. Per aiutarci in questa comprensione l'ermetismo ci rappresenta schematicamente in tre categorie che ci descrivono mentre procediamo nel corso della vita e attraversiamo le diverse qualità temporali che ci circondano. Per questo schema possiamo essere orientati verso lo scorrere delle cose polarizzati, oppure su di una meta ideale o verso uno scopo. Di volta in volta siamo gli uni o gli altri. Quando siamo orientati sul tempo ci muoviamo nel mondo in modo inconsapevole. Non abbiamo, qui, una visione reale del futuro e trascorriamo il tempo accettando il suo ruolo di orologio, polarizzato, fantasticando su un futuro ideale o riconsiderando trionfi o delusioni del passato. Viviamo, così, nelle proiezioni della nostra mente e non riuscendo ad apprezzare l'aspetto reale della vita, siamo continuamente insoddisfatti. Improvvisamente, spinti dall'inerzia del cambiamento, ci proiettiamo verso una meta. Allora possiamo anche darci una disciplina fisica e mentale e compiere i propri doveri secondo le circostanze, uscire dalle proiezioni immaginarie della mente sempre, però, fino ad un certo punto. E' per questo che la nostra visione rimane circoscritta. I nostri obiettivi sono limitati alle conquiste relative ad avere una casa, una moglie, un marito, un lavoro, dei figli. Cosicché non avendo alcuna altra aspirazione la nostra vita rimane ancorata al livello della personalità. Saremmo portati a pensare che saremmo soddisfatti e realizzati una volta raggiunto l'obiettivo che ci eravamo proposti ma, una volta raggiunto, ci sentiamo smarriti, nulla ci è più sufficiente. Allora possiamo fare due cose. Immergerci nella personalità, percorrere la difesa di ciò che immaginiamo essere, mentire, parlare per parlare, e addormentarci a questo livello, e continuare così, sopportando con disagio la forza evolutiva della coscienza. La coscienza, però, non accetta la passività. La coscienza segue l'universo in parallelo e cercherà comunque di evolvere. E così facendo ci spingerà, con attrito, verso un cambiamento. E per farlo in modo inconsapevole ci costringerà, per risonanza, proprio dove mai avremmo pensato. Oppure. Ecco l'altra possibilità. Non ci rimane che orientarci verso un ideale. Dire e fare in accordo con ciò che dovremmo diventare, dando più rilevanza al nostro essere. Regolare la vita sapendo che la salute fisica e quella mentale non sono due aspetti diversi, ma inseparabili. Occorre, a questo punto, comunque dover rispondere alle domande: "chi sono?", "qual è lo scopo della mia vita?". Seduto sulla sua poltrona nel salotto di casa Mario, il padre di un mio amico che avevo appena conosciuto, mi chiedeva ad alta voce "Ricky chi sei?". Noi eravamo distanti, seduti in cucina a mangiare, mentre lui in maniera ossessiva ripeteva quella domanda continuamente "Ricky, chi sei?". Avevo diciassette anni. Mi decisi ad alzarmi per raggiungerlo in salotto. Nel tragitto che separava le due stanze, mentre nell'aria la stessa domanda veniva ripetuta ancora e ancora, mi preparavo una risposta senza trovarla. Ma come si fa a rispondere a una domanda del genere? A diciassette anni. Arrivato sulla soglia del salotto lo trovai sprofondato nella sua poltrona di pelle marrone chiaro, con il capo reclinato e coperto da un giornale, sembrava dormire. Ma ecco che improvvisamente, ancora, " Ricky chi sei?". Senza neppure muoversi. Senza neppure sapere che ora ero lì, a poco più di due metri da lui. Immerso, coperto, da un giornale. Ancora. E ancora la stessa domanda. Lo ammetto non so ancora cosa rispondere. E nel mio ricordo sono ancora lì, sulla soglia di quella stanza, immobile, impossibilitato a rispondere. Non risposi. Non so nemmeno quale parte di me risuonasse in lui per fare proprio quella domanda in quel preciso istante. Due diapason che suonano all'unisono. Quel tempo in me è ancora presente. E' il presente. La sua qualità è diversa. Non è mutata e ha vinto la cronologia di tutti gli eventi futuri. Cristallizzata in un modo nuovo. Quindi vi invito a prendere ciò che scrivo con la stessa diffidenza di chi non conosce bene la meta ma sa bene gli errori che ci possono portare lontana da essa. Vi invito a sperimentare, a non credere. Vi invito adesso a sentire lontana una voce che vi chiede "chi sei?". Si, lo chiedo io per Mario adesso a te: "chi sei?". Ora, in questo preciso istante: "chi sei?". Per raggiungere tale comprensione bisogna avere prima di tutto una filosofia pratica di vita e questa è quella che dovrebbe nascere nel momento stesso in cui capiamo che c'è qualcosa che ci sfugge. Il primo passo è quello di accettare ciò che ci rende infelici perché soltanto allora si può costruire quell'atteggiamento positivo che ci permette di accogliere quegli aspetti della personalità che ci causano infelicità. Il passo successivo per raggiungere la tranquillità mentale è quello di non imporci mai delle regole rigide prima di aver vagliato tutte le nostre possibilità reali. Ci dobbiamo sempre porre delle mete facili e raggiungibili. E' bene coltivare delle idee che siano indipendenti dalla cultura e dalla religione e da esse è possibile sviluppare una filosofia di vita semplice e precisa. Dobbiamo essere flessibili e adattabili perché la rigidità spegne il flusso spontaneo della memoria e soffoca la conoscenza reale. Non è difficile riconoscere una seconda volta quello che abbiamo già vissuto e, se non ci opponiamo, la comprensione del messaggio inconscio ci arriva, si sintetizza in noi ed esce dal circolo vizioso che ce lo ripropone all'infinito. Le stesse situazioni. Le medesime conclusioni. Le stesse idee. Le stesse persone. Sono le barriere e le resistenze che ci impediscono di conoscere quello che già conosciamo. Ognuno deve formulare un piano per sé stesso. Possiamo allora decidere di vivere la nostra vita come se fosse una lista al fondo della quale arrivare alla fine della giornata per poi ritrovarne un'altra il giorno dopo oppure divenire consapevoli. La lista di Marianice ci insegue sempre, è sempre lì a diposizione. Seducente come tutte le cose che richiedono un minimo sforzo, o meglio uno sforzo su un unico piano. Per poter sviluppare le nostre capacità dobbiamo quindi migliorare la nostre possibilità di ascoltare e fare un lavoro attivo. Occorre comunque vedere alcune leggi che ricorrono frequentemente nella nostra vita di relazione ed anche conoscere meglio come siamo fatti poiché in questo modo miglioriamo la nostra capacità di discernimento e ci imponiamo di sfuggire alla meccanicità. Il ricorso a una legge è solo uno strumento facilitatore, un mezzo necessario. Il primo ostacolo che troviamo nell'analisi di quello che ci circonda per attuare l'ascolto attivo sono gli schemi mentali che filtrano nostro malgrado quello che vediamo. L'energia che abbiamo a disposizione durante la giornata è, infatti, quantizzata. Crediamo di poter disporre a piacimento della nostra energia psichica ma i sottili di cui è composta si esauriscono velocemente. L'energia vitale nel suo complesso, per ogni piano, inoltre, non si muove liberamente, ma segue proprio degli schemi preformati, così come l'acqua segue un canale. Funziona proprio così, senza che possiamo molto, non sapendo quello che accade. Un impulso psichico, generato da uno stimolo esterno, viene tradotto da un corpo e trasformato in un quanto di energia e comincia a correre in un canale. Tutto questo ha sicuramente delle analogie con quanto potremmo descrivere in fisiologia con la traduzione degli stimoli in nuovi rapporti sinaptici. Certamente. Ma per l'ermetismo siamo in un ambito non comparabile in questo modo, poiché la materia mentale, emozionale e fisica, hanno una natura diversa, non confluente, ma parallela, e la genesi dei canali è astratta alle conoscenze della chimica per come la pensiamo noi. Un gesto folle. Intuitivo. Semplice. Senza corollari. Più canali formano l'intricata rete dei nostri schemi mentali, emozionali e istinivi. Qui vale la legge della via di minor resistenza. Ossia l'energia vitale, proprio come l'acqua, cerca sempre di confluire nei canali dove per scorrere impiega minor fatica per il suo transito. Difficilmente crea un nuovo canale, ma repentinamente si sposta su uno preformato. Così ogni volta che ascoltiamo qualcosa di nuovo, ad esempio, cerchiamo sempre di riportarlo laddove lo schema più prossimo ci racconta di qualcosa per noi riconoscibile. Ecco perché possiamo provare fastidio ascoltando qualcosa che non ha nulla a che vedere con le conclusioni a cui porta. Ecco perché possiamo creare fastidio per qualcosa che non volevamo comunicare. Le abitudini sono anche un ottimo esempio di via di minor resistenza. Ad esempio se io mi siedo in un determinato posto, frequentando ad esempio un luogo nuovo, facilmente la volta sucessiva che mi ripresento nello stesso posto, meccanicamente tenderò a sedermi nella stessa posizione. Si è attivato un canale del corpo fisico. Siamo intessuti di abitudini e riconoscerle ci permette di conoscere i nostri schemi. Così si spiega come si forma quel continuum di coscienza che si sostituisce alla parte realmente vissuta, quella discrepanza tra quello che veramente è successo e quello che tendiamo a ricordare immaginando ciò che non è succcesso, Infatti la coscienza non potendo assorbire la visone di un io non consapevole e pieno di sonno, riempie il presente e il passato facendo ricorso all'immaginazione, colmando tutti gli spazi vuoti. La via di minor resistenza domina la nostra giornata. La sua meccanicità nella follia controllata, dall'osservazione attraverso l'io maggiordomo, rimane, comunque, funzionale alla normale interazione con tutto ciò che ci circonda, sia nella materia come nel sottile. Diventa, la meccanicità, però non funzionale quando domina la nostra vita e ci fa credere che proprio quegli schemi siamo noi. Quando questo accade siamo dominati dal fastidio, dall'insofferenza. Il fastidio, infatti, è un meccanismo. Vi posso assicurare che non ha nulla a che fare con noi e provarlo è solo un atto meccanico, inconsapevole. Il fastidio si forma infatti sulla base di una ripetizione di uno stimolo. La ripetizione genera più impulsi e di conseguenza più quanti di energia. Il loro ripetersi in un unico canale rende il suo persorso sempre più agevole e profondo. Il risultato sarà che alla fine anche lo stimolo più piccolo, con meno energia possibile, percorrerà il canale con estrema facilità e profondità, colpendoci. Possiamo immaginarlo come una cunetta di sabbia colpita da una serie di gocce in successione. La prima si fermerà a pochi millemetri dalla superficie e sarà assorbita dalla sabbia intorno. La seconda non farà molta più strada. Ma il ripetersi successivo di una goccia dopo l'altra permetterà poi a quelle successive di arrivare sempre più in profondità. Dopo un po' di tempo anche una singola goccia, proprio identica alla prima, scivolerà veloce nel profondo. Ora, a questo punto, saremmo convinti che questo fastidio non è più solo nostro, ma che tutti ne debbano soffrirne. In un certo senso per noi il canale è oggettivato e così facendo gli attribuiamo una essenza che non ha essendo, lo ripeto, qualcosa legato alla personalità. La meccanicità infatti, pur utile, è qualcosa che nulla a che fare con la nostra essenza. Seppure nel sottile è un po' come dire che noi siamo i nostri capelli. Ci appartengono, certo, ma non siamo certo i nostri capelli. Quindi i fastidi, in questo caso, e gli schemi mentali, sono solo l'evidenza della nostra meccanicità e non ci rappresentano. Ogni volta che diciamo o pensiamo "non sopporto" non individuiamo una caratteristica di noi ma solo dei canali energetici che ci siamo costruiti. "Non sopporto" non dice nulla di chi siamo veramente, nulla della nostra essenza, ma ci parla di quello che abbiamo imparato, che abbiamo subito, e di cui possiamo, volendo, fare tranquillamente a meno. Liberarcene non significa rinunciare a noi stessi ma al contrario significa diventare più liberi, più vicini a ciò che siamo. Ovviamente i canali in generale, e il meccanismo del fastidio in particolare, sono legati alla risonanza. Poiché costituiscono zone d'ombra è assolutamente facile che ci si trovi sempre nlle condizioni perché vengano attivati. Così vorreste evitare un determinato fastidio per poi ritrovarvi sempre nelle condizioni di affrontarlo. Ma. Si c'è un ma. Essendo il meccanismo del fastidio meccanico, e quindi aquisito, può essere assolutamente cambiato, rimosso. La consapevolezza vi aiuterà in questo. Ovviamente più il canale è grande e radicato e più faticosa è l'operazione, ma un singolo atto consapevole è più che sufficiente. Un merlo aveva preso l'abitudine di cantare la mattina presto su un albero prospicente la mia camera da letto. Ero solo un rsgazzo. La prima volta che l'avevo sentito mi aveva fatto piacere. Sentire quell'esserino cinguettare la sua canzone da innamorato alle prime luci del giorno aveva in sé qualcosa di romantico. Anche il mattino seguente avevo provato, svegliandomi, la stessa sensazione. Ma alla fine della settimana già progettavo di tiragli qualcosa pur di farlo smettere. Qualche giorno dopo, facendo colazione, sentii mia madre che raccontava felice a mio fratello di come le piacesse svegliarsi al suono di un uccellino che tutte le mattine cantava nel nostro giardino. Quell'ospite inatteso la rendeva felice perché le ricordava la sua gioventù e la campagna dalla quale veniva. Improvvisamente tutta la mia attenzione era svanita, il meccanisco del fastidio sgretolato, e smisi immediatamente di svegliarmi al suono di quel cinguettio. Un solo gesto consapevole, la possibilità di comprendere che il fastidio è un atto puramente personale, non condivisibile, ed ecco che scompare. L'evidenza che si tratta di un evento meccanico sposta l'ottica con cui dovremmo guardarlo. Gli altri o le situazioni, infatti, non sono più responsabili di quello che proviamo. Siamo noi gli unici responsabili. E quindi. Ogni volta che ricorriamo all'ingiusto provando irritazione facciamo ricorso a un canale. Franco arrivava a scuola, dove lavorava, sempre con qualche minuto di ritardo. Sulla soglia la Segretaria della scuola gli contestava l'ora di arrivo con visibile fastidio, lei sì, puntuale ogni volta nella sua reprenda. La cosa si ripeteva puntualmente finché il fastidio della signora superò i limiti della salvaguardia. Il meccanismo è proprio questo, cresce esponenzialmente. Naturalmente non ha nulla a che vedere con la constatazione di un fatto, ma solo con il costruito emozionale, il canale energetico del fastidio, che si aggiunge gratuitamente ad esso. Franco, allora, chiese alla Segretaria da dove derivasse tanto zelo e dei suoi genitori. Il padre, un militare, le aveva insegnato il rispetto assoluto delle regole. E fin qui tutto bene. Solo tale insegnamento si era fermato alla personalità, non si era consapevolizzato nell'essere. Tale insegnamento era diventato un dogma, qualcosa di incontestabile, un assoluto a cui tutto si doveva piegare. In questo modo una regola dettata così fermamente, dalla personalità, aveva creato una forte zone d'ombra, pietrificando l'essere nella sua posizione, e creando, per opposto, uno schema di identificazione molto forte. Ogni volta che qualcosa si scostava dala regola ecco il dolore. Schiavi emotivamente di qualcosa fuori di noi. Ma ecco lo stupefacente, era bastato anche solo parlarne che il fastidio era sparito. E' così, salito alla coscienza, anche e solo per un attimo, proprio per la sua natura meccanica, il fastidio viene cancellato dall'essere. Da quel giorno in poi l'osservazione sul ritardo poteva restare ma senza alcun coinvolgimento emotivo, senza alcun fastidio incontrollato. Occorre, dunque, andare oltre il valore della morale. Passare dalla personalità all'essere. Dalla personalità, dalle regole imposte, all'essere, alla consapevolezza. La morale dipende da come ci è chiaro l'obiettivo che dobbiamo raggiungere. Il bene e il male in una idea non limitata assumono un altro valore. Abbandonando il pregiudizio. Poichè il meccanismo del fastidio è la fonte del pregiudizio. Bisogna innanzitutto precisare il punto, il luogo psicologico nel quale ci troviamo. Abbiamo detto infatti che distinguiamo sette gradi di consapevolezza in cui i primi tre corrispondono all'uomo meccanico. Dalla frammentazione riconosciamo che i primi tre stadi corrispondono a un uomo completamente identificato con quello che fa o dice dove la personalità domina l'essere. Ebbene allora se dobbiamo dire quanto ci accade in questo momento mi posso aspettare benissimo che portiamo con noi ciò se riconosciamo vero per noi ma anche il suo opposto, che possiamo vivere contemporaneamente le stesse situazioni con l'uno o l'altro aspetto psicologico in accordo con l'io che in quell'istante è predominante. Salire lungo la scala significa proprio poter vedere le cose al di là degli opposti e viverle nella loro dimensione reale. La differenziazione delle emozioni è possibile, ossia è possibile viverle nella loro vera dimensione che l'ermetismo chiama superiore. Esse, nella loro eccezione al di là degli opposti, portano con loro l'attributo di gratuito e la condizione di amore. Noi non possiamo vedere le cose se non per come la nostra coscienza può recepirle, da un punto di vista relativo. Il senso delle cose, la felicità, la verità, o quello che volete voi è proprio qui, in questo istante, lo è presente sempre, non è che dobbiamo andare da qualche parte perché è qui, solo è necessaria una nostra trasmutazione, una nostra maggiore consapevolezza. Se ricerchiamo delle risposte dobbiamo lavorare sul nostro grado di consapevolezza, cambiarlo, proprio come si può spostare la manopola di una radio dobbiamo cambiare la nostra lunghezza d'onda, finché non diventa ricettiva a cose che prima non notava neppure. Le stesse cose sono sempre state lì, solo non le vedevamo. Questo è quanto ci dice la legge della risonanza. Guardate bene, quanto ci accade in un certo senso ci appartiene perché ha la lunghezza d'onda, la stessa vibrazione che abbiamo noi in quell'istante. Allora vi chiedo se può esistere il caso. Naturalmente in questa visione delle cose la vita non può essere che lo specchio evidente di quello che siamo noi interiormente. Quando noi attribuiamo a qualcosa fuori di noi la causa di qualche nostro disagio mentiamo. Fateci caso, utilizziamo sempre un ammortizzatore, una scusa, qualcosa che si possa prendere le responsabilità per noi. La signora, per colazione, metteva sui fornelli un pentolino con un po' di latte. Poi si allontanava e si affacciava alla finestra ad osservare la strada fuori. Abitava al secondo piano e la sua finestra dominava la strada principale del suo paese. Puntualmente il latte fuoriusciva e allora esclamava – accidenti, tutta colpa di quello che è passato prima, mi ha distratto e ho perso tempo. Ma doveva passare proprio adesso? Maledetto! - C'è sempre qualcuno o qualcosa che passando è responsabile di quello che facciamo. Sempre. Poiché non crearsi un alibi ci costringe a un'analisi che di per sé, richiedendo energia, e rompendo le nostre identificazioni, ci impegna, ci infastidisce, ci crea dolore.

6

SÌ E NO

Ritroverete leggendo molte delle vostre considerazioni. Questo è il mio augurio. Un punto di partenza. Lo scopo è anche e solo di trovare una loro collocazione, dare loro un senso, verificare che molte di esse, in realtà, non ci appartengono veramente, almeno nel modo in cui intendevamo. Avere un'altra possibilità. Certamente ogni parola, ogni costrutto, qui, si scontra in modo inevitabile con la scienza. Lo so io che sono una persona di scienza. Ma qui la scienza non ha nulla a che fare con questo modo di vedere le cose. Non meno vera, non meno utile. Né l'una né l'altra. Nell'ermetismo la casualità cessa di esistere, proprio come le particelle nell'infinitamente piccolo. Anche gli insiemi svaniscono. Le cose, il mondo, non è più diviso in piani di identità materiale. Domina l'essenza. I minerali con i minerali. Le piante con le piante. Gli esseri viventi con gli esseri viventi. Qui, ora sicuramente folle, queste divisioni svaniscono. L'essenza correla quello che la mente concreta divide e separa. L'universo procede in parallelo secondo l'identità dettata dalla sua anima sottile. E la materialità, sia nel infinitamente piccolo come nell'infinitamente grande, è solo una parte, quasi uno strumento, che noi riconosciamo. E i confini per come li conosciamo svaniscono. Anche il concetto di tempo. E il presente non è quello che intendiamo nel comune modo di pensare, ma è piuttosto un piano. E tutto è attraversato nel sottile. Così utilizzando il corpo come strumento e la nostra identità può fare esperienza su vari piani vibrando nei sottili piani fisici, emozionali e mentali. Diversi piani vibratori che costituiscono più corpi invisibili. Perciò come possediamo un corpo materiale che ci permette di fare esperienza sul piano fisico, possediamo anche altri corpi che ci permettono di fare esperienza su altri piani. E ancora se potessimo vedere nel dettaglio il nostro corpo, così come viene descritto dalla scienza ermetica, scopriremmo che è diviso in sette stati distinti di materia comprendente sostanze solide, liquide e gassose e altre quattro sostanze energetiche di diversa densità. Potremmo sorridere di questo. Ma le sostanze di cui parla la scienza ermetica non è l'analogo di quello che immaginiamo. Abbiamo affermato che la scienza è inconciliabile con l'ermetismo. Allora, proprio perché siamo abituati a una comprensione logica e scientifica, possiamo comprendere che la natura della materia così come viene descritta nei vari piani dall'ermetismo ha una valenza per noi sconosciuta, che non possiamo rappresentare, né descrivere, avendo la stessa consistenza di un sogno. Questa conoscenza è esperienziale, intraducibile dalla personalità e dagli strumenti che abbiamo a disposizione. Un doppio energetico, dunque, responsabile nel sottile delle nostre funzioni organiche e in generale del mantenimento del corpo fisico all'interno delle parallele dell'universo. Abbiamo a disposizione qualcosa che ci appartiene ma che non conosciamo affatto. L'ermetismo descrive anche un corpo astrale o emozionale. E' proprio su questo piano che si esprimono le emozioni, i sentimenti i desideri e il potere di azione dell'essenza. Quando le emozioni e il desiderio dominano la vostra vita, la nostra vita, questo corpo trascina il resto e ci conduce anche dove non vorremmo. Lo sappiamo bene. Lo sappiamo bene affrontando un dolore molto intenso. Lo sappiamo quando la collera domina le nostre azioni. Lo sappiamo quando la ragione ci direbbe una cosa ma facciamo l'opposto. Il corpo mentale esprime l'ultimo strumento corporeo e rappresenta il luogo di congiunzione tra la dimensione dell'essere e quella della personalità. In una condizione ideale ognuno di questi corpi dovrebbe trovare il giusto posto, viaggiare in armonia con gli altri. Quando siamo svegli, relativamente svegli, questi corpi appaiono concentrici gli uni con gli altri e il modo con cui sono stabilite le interconnessioni tra loro determina il livello della nostra coscienza e le nostre possibilità psichiche. Volutamente questa descrizione è semplice. Non occorre entrare nel dettaglio. Quello che mi interessa è rendervi partecipi che state guidando una macchina. Voglio dirvi questo. State guidando. E' un po' come se fosse veramente su un'auto senza saperlo e qualcuno, che dall'esterno vi vede, volesse farvelo presente. Stiamo sbandando un po', magari arranchiamo in salita o scendendo velocemente da un dosso. Come se qualcosa ci sfuggisse, come se in fondo non tutto fosse sotto controllo. Naturalmente non mi aspetto che lo comprendiate subito e nemmeno mi interessa che ne conosciate la meccanica. E' vero, si può guidare una macchina senza sapere minimamente come funziona il motore che la sposta. Però c'è una bella differenza tra sapere di essere la macchina o di essere nella situazione di usarla. Esiste una bella differenza tra credere di essere la macchina o l'autista che la guida. Quando la macchina fatica procedendo in salita, o prende velocità scendendo una discesa, sapete bene che non dipende da voi, ma dalla strada e da come è fatto il mezzo che state guidando. Al contrario, se prendete un muretto e danneggiate la carrozzeria, ora la responsabilità è vostra. Conoscere, e non sapere a memoria, conoscere le funzioni del corpo ci può aiutare nella comprensione di quello che accade, che va registrato e osservato, e quello che possiamo modificare. Possiamo anche decidere di condurre la nostra macchina urtando a volontà sempre le solite cose, sempre nel medesimo modo, oppure. Oppure prendere coscienza, accennare a un diverso modo di vedere, e cambiare direzione. E scoprire, ad esempio, come nello spesso, e lo sappiamo, come nel sottile, la nostra macchina ha bisogno di energia. La relazione tra i veicoli corporei richiede energia. La loro interazione, infatti, richiede energia per essere continuamente armonizzata. Del resto le attività fisiche, emozionali e mentali, per ogni piano vibratorio, esigono di per sé una grande quantità di energia. Se in più queste attività non sono in armonia le une con le altre il dispendio è molto maggiore. In effetti come il corpo mentale e emozionale si esauriscono lentamente durante il giorno, il corpo fisico, nella sua natura meccanica, diminuisce sempre più il suo tono vibratorio, si ispessisce, diventa quindi sempre più pesante fino ad esaurirsi. La stanchezza fisica emozionale e mentale è la vera origine del sonno. Nel sottile. Siamo quindi esposti alla nostra inconsapevolezza. Le leggi e i meccanismi che abbiamo visto fino adesso, pur nella loro importanza, perdono di significato se non riuscissimo a collocarli correttamente nello studio comparato di quello che siamo. Occorre, infatti, capire bene, per studiarsi, cosa siano i gesti istintivi, quelli meccanici, le emozioni e la funzione intellettiva. In altre parole occorre studiare come sia la nostra macchina. Prenderne coscienza, in modo semplice e diretto, ci presispone allo sviluppo di sensibiltà sempre maggiori, sempre più nel profondo dei nostri piani vibratori. L'osservazione deve lavorare sulla nostra giornata, sulle leggi che la governano, che ci governano e sui centri. Per studiarsi si deve subito cercare di determinare a quale centro appartengono i fenomeni che stiamo osservando. Occorre capire a quale gruppo appartengono le attività che stiamo facendo. Partendo da un piano vibratorio più spesso, cominciando dall'osservazione con cui analizziamo il nostro intorno, quello che sentiamo, poiché utilizzando un centro differente avremmo risposte differenti. Per attuare una reciproca comprensione è necessario sapere gestire l'utilizzo di i centri. Il modo di percepire dipende, inoltre, dall'intero organismo poiché malgrado le funzioni siano interdipendenti e tendano a mantenere il loro equilibrio, normalmente l'una predomina sull'altra. Nella situazione ordinaria, infatti, è impossibile cambiare questa situazione di predominio di un corpo sugli altri poiché le volte che si impone un cambiamento esso si ripresenta sotto altra forma in un altro aspetto. Sforzandoci di distruggere ciò che non ci piace finiamo con l'accentuare il disequilibrio della nostra macchina. Bisogna fissare alcuni punti in cui è possibile approdare a un cambiamento senza provocare una repressione. E' necessario allora sapere quali siano questi punti e come avvicinarli. Il primo passo è quello di mettere in relazione le proprie impressioni, le nostre reazioni, con un determinato centro. Lo potete fare in un modo semplice osservando come un corpo eterico possa lavorare al posto di un altro. Accade continuamente nella giostra della nostra personalità. Non ci interessa qui scoprire le linee di forza. Non ci interessa a questo livello esaminare le forze attive, passive e neutralizzanti e la natura dei sottili. Nemmeno vedere. Occorre qui non dare spazio all'immaginazione, al parlare per parlare. Alla proiezione di noi stessi. Ci dobbiamo preparare facendo esperienza nel quotidiano. Siamo in coda aspettando il nostro turno. Dobbiamo aspettare. Lo sappiamo, non abbiamo alternativa. Il nostro centro mentale ci ha condotto fin lì per eseguire un compito. Ne dovremmo fare anche altri dopo. Forse no. Improvvisamente abbiano fretta. Ci agitiamo. Il centro istintivo comincia a sostituirsi a quello mentale. Non vi è nulla di razionale in quello che proviamo ora poiché sappiamo che non possiamo nulla per cambiare il presente, non c'è alternativa, ciò nonostante la fretta, l'dea della fuga prende il sopravvento. La fretta, in questo caso, ha origine da questa sovrapposizione di funzioni, non ha nulla a che fare con la situazione contingente poiché, razionalmente, non si potrebbe fare altrimenti che accettare la situazione. Lo sappiamo ma ormai non possiamo più farci nulla. Il centro istintivo domina la scena. L'io frammentato sfugge al controllo e improvvisamente siamo schiavi di noi stessi. L'impossibilità a far ricorso a un ego unico ora si fa sentire. Possiamo ora visualizzare un lago, le sue increspature dettate da un lieve venticello, scomparire nel riflesso di uno specchio d'acqua calmo, immobile. E ancora se decidiamo di utilizzare il centro mentale al posto di quello meccanico i movimenti saranno lenti, farraginosi. Basta provare a scendere le scale pensando di farlo. O cercare di ricordare un numero di telefono. Osservare sapendo la composizione della nostra macchina, delle funzioni di cui siamo fatti. Estendendo la ricerca ai piani vibratori più sottili ora sappiamo anche che con noi spostiamo il nostro sottile. Nel mare del tempo. Dei pensieri. Delle idee. In questo mare in tempesta senza governo attraversiamo il mondo. L'immaginazione e il sogno appartengono, qui, al corpo mentale. Il modo con cui facciamo le cose, le nostre abitudini, al centro istintivo, meccanico. Le emozioni negative al centro emozionale. L'essenza, innata, e la personalità, acquisita, si inseriscono nelle funzioni dei vari piani intellettiva, emozionale, istintiva, meccanica, sessuale, emozionale superiore e intellettiva superiore, ciascuna organizzata con un suo centro distinto dagli altri. I soli centri intellettivo ed istintivo sono poi divisi in positivo e negativo, gradevole e sgradevole. Le emozioni, invece, controllano uno stato e non sono di per sé né positive né negative e quindi viverle negativamente compete all'immaginazione che dipende dalla personalità. Osservare i corpi nella loro interazione è sempre possibile. Può sembrare un atto artificioso, un costrutto insensato. E invero può essere considerato così. Lo è. Ma a noi serve per darci una disciplina, a prendere un po' di distanza da quello che ci accade, a fare emergere in noi la follia controllata, l'osservazione. Potremmo vedere che, ad esempio, in alcuni casi le vostre risposte sono del tutto meccaniche, partono senza che ci sia stata alcuna valutazione. Siete davanti a qualcuno che vi chiede l'elemosina. Dite no. Il vostro no è meccanico, istantaneo, non ha nulla a che fare con il discernimento. Se poi è emozionale, accompagnato da ripulsa o da un senso di colpa, è ancora più veloce. Poiché l'aspetto emozionale dell'intelletto è attratto dall'oggetto osservato, porta con sé parecchia energia e genera il meccanismo del fastidio. Posso anche dirvi con tutta tranquillità che esso è generato da un sentimento di identificazione particolare, una proiezione del tutto personale e acquisita. Vedete che quello che fate non corrisponde affatto a una scelta ma è piuttosto una reazione. Non c'è discernimento. Un ragazzo vi ha chiesto degli spiccioli e voi glieli avete dati. Cercate una giustificazione al loro uso, vi dite che li userà per una necessità importante. Avete detto sì non con l'uso creativo, utilizzando il discernimento della vostra mente, ma con il centro emozionale. Qui entriamo nel campo della costruzione della personalità, la vostra personalità. La stessa che vi spinge a fare cose che non vorreste o ad essere attratti proprio da quello che vi fa più male. E' un po' come se qualcun altro guidasse la vostra macchina e, incurante di ogni vostra richiesta, vi portasse dove vuole lui. L'ego unico è lontano dall'essersi formato e la personalità domina la scena. In qualche modo non siete voi che scegliete. Questa considerazione, se vi mettete in un angolo, in un piccolo spazio, per un attimo al riparo dei pensieri e delle emozioni, e lo potete fare anche ora, vi dovrebbe disimpegnare soprattutto dai sensi di colpa. Avete però, abbiamo però, la possibilità e la responsabilità, di sostenere l'essere. Ciò che possiamo diventare. E' la stessa cosa che accade quando diciamo o sentiamo dire "...lo so...". Ecco in quel momento si è accesa la funzione intellettiva meccanica e la mente ha cominciato a viaggiare per proprio conto e abbiamo perso il controllo. La personalità ha preso il sopravvento e attraverso gli schemi mentali e i canali energetici piega la nostra capacità di poter ascoltare. In modo analogo nella veglia relativa non vi è alcuna emozione che non sia in rapporto con qualcos'altro e non sia coinvolto qualche oggetto esterno, poiché non una singola emozione esiste di per sé. Il centro emozionale, infatti, si espande verso l'esterno. La solitudine, l'incapacità di lasciare al nostro essere la possibilità di utilizzare questo centro in modo consapevole, è la causa principale di moltissimi malesseri. In un certo modo ognuno di noi è solo all'interno della sua personalità e lo è sebbene siamo pieni di considerazione per gli altri e ci abbracciamo affermando quanto amiamo e quanto siamo amati. Se si esaminasse questa solitudine, il sentirsi soli, si scoprirebbe una cosa sorprendente: sono proprio quelli che ci amano a farci sentire soli. Solo l'essenza può abbattere la solitudine. Un estraneo non ha potere. Solitudine significa che le emozioni non sono sotto controllo, che c'è qualcosa di sbagliato nel nostro rapporto e i centri non sono armonizzati tra di loro. Non esiste parte negativa nel centro emozionale. Quelle che sono le vere emozioni vengono percepite solo quando siamo in uno stato di coscienza non ordinario e sono le emozioni superiori.

Ora tutte le nostre emozioni piacevoli, come gioia, simpatia, fiducia, possono in ogni istante divenire noia, irritazione, timore, invidia. Queste emozioni negative non possano esistere senza immaginazione e identificazione. La prima costruisce un artefatto e seguendo i propri schemi, insieme alle immagini figurate della identificazione, ci proietta lontano dalla realtà, la mistifica. Le emozioni negative sono un fenomeno terribile e occupano un posto enorme nella nostra vita. E se crediamo di poterle controllare facciamo un errore enorme. Alla fine dominano la nostra personalità e finiscono per annichilire il nostro essere. Possiamo esserne talmente identificati da credere che liberandocene finiremmo di esistere. Ma è esattamente il contrario. E' proprio sfuggendo a questo estremo che ricominciamo a essere. Non possiamo dunque dire che il centro emozionale ha una parte positiva e una negativa ma che tutte le emozioni posso diventare negative alla minima provocazione a causa di un riflesso interno. Non è un caso che dedichi al centro emozionale uno spazio così grande. In effetti siamo abituati a dare un grande valore al corpo mentale e al sapere che con esso, in orizzontale, possiamo accumulare. Non di meno una persona che normalmente si ritiene di successo, per come è il senso comune in questo tipo di società. lo ottiene proprio grazie allo sviluppo di quel centro. Ma tutto ha un prezzo. Poiché in questo caso, proprio per la mancata armonizzazione dei corpi a favore di uno, gli altri, repressi, sviluppano potenti zone d'ombra e ingombranti meccanismi di fastidio. Il risultato è scontato. Lo ad esempio quando scopriamo persone che all'apice della loro carriera hanno bisogno, poi, di forte spinte emozionali, di eccessi, in una necessaria urgenza di compensazione. Il paradosso è proprio questo. Spingiamo la nostra macchina ad espandere nella personalità il corpo mentale per poi essere schiacciati dall'impossibilità di controllare i corpi istintivi ed emozionali. Così finiamo per soffocare le nostre emozioni e al tempo stesso esserne schiavi inconsapevoli. Gli stimoli primari e le correnti di emozione spingono il nostro corpo emozionale a rispondere in modo eccessivo rispetto a quanto necessario. In maniera non consapevole il desiderio detta i tempi al nostro essere, utilizzando proprio l'immaginazione e l'identificazione. E per questo si serve di stimoli esterni come l'auto-conservazione, il sonno, il cibo, il sesso. In maniera differente questi stimoli producono dei canali di energia molto potenti come la paura, la collera, l'invidia, l'orgoglio, l'attaccamento, l'avidità e l'egoismo. Non potete, non possiamo, sfuggire agli stimoli se non consapevolizzando il nostro essere. Questi dominano il mondo delle nostre emozioni. Generano gli alibi. Ci impediscono nel sottile di scendere in profondità e di affrontare noi stessi. Nello spesso generano la paura della morte, la paura di perdere quello con cui siamo identificati. L'osservazione dei nostri desideri è quindi molto importante perché ci dà delle risposte sulle nostre caratteristiche interiori. Non dobbiamo reprimere i nostri desideri ma comprenderli. Resta evidente il fatto che quando il nostro corpo e la nostra psiche sono debilitati non potremmo mai immaginarci di fare un adeguato lavoro di attenzione e di osservazione poiché come il movimento meccanico ed emozionale richiedono uno sforzo minimo, perché l'attenzione viene attratta spontaneamente dai fattori esterni, così per fare un lavoro intuitivo abbiamo la necessità di avere dell'energia a disposizione. L'energia, però, è quantizzata e quindi ne abbiamo a disposizione una certa quantità al giorno e oltre questo limite non possiamo spendere. La maggior parte di essa va dispersa in azioni inconsapevoli e meccaniche, spesso totalmente inutili. Nel meccanismo del fastidio, ad esempio. La buttiamo lì. La prima cosa che dobbiamo fare è imparare a risparmiarla, a usarla laddove ci interessa. Si sente spesso dire dalle persone che sono stanche, che fanno delle cose anche minime e sono stanche. Se il grado di consapevolezza è minimo, è zero, l'aspetto meccanico del vivere è predominate e l'energia viene dissipata velocemente. Per l'ermetismo esistono almeno tre fonti di energia che sono gli alimenti, l'aria e il modo con cui la respiriamo e le impressioni. In questo modo cambiano totalmente le necessità di cui abbiamo bisogno. In un certo senso si complicano un po' perché, con l'esclusione del cibo, scopriamo ora che durante la giornata in maniera inconsapevole ci nutriamo di cose di cui, magari, non avremmo bisogno o addirittura che potrebbero esserci nocive. San Giovanni della Croce diceva che il grado di realizzazione di un uomo appare chiaro dal modo con il quale mangia. La consapevolezza ha, anche qui, un ruolo importante nell'azione dell'assunzione di cibo. Prima di tutto non bisognerebbe essere troppo dipendenti dai sapori ma, riconoscendo a ciò che mangiamo il suo valore nutritivo. Il gusto dovrebbe essere una funzione appartenente alla funzione istintiva, innata, e non dominata dalla funzione meccanica, acquisita, attraverso il mi piace, non mi piace. Allora, al contrario, diciamo che i gusti possono essere pilotati, indirizzati, e, possiamo, creare un gusto così come possiamo creare una nuova abitudine valorizzando un cibo sano e utile. Importante è coltivare la presenza nell'atto del mangiare, nella consapevolezza dell'azione, infatti, con l'atto di presenza, possiamo assimilare i sottili presenti nel cibo. A un certo livello quello che ingeriamo passa non assorbito, secondo la legge ermetica che per fare l'oro occorre l'oro. I sottili del cibo, infatti, si attaccano ai sottili della nostra essenza per risonanza. Gli idrogeni del cibo, come accade a tutta la materia e oltre, ha infatti spessori differenti. Ora sappiamo perché abbiamo bisogno di molto o per opposto di nulla, di cibo, in particolari condizioni emozionali. Abbattuta la consapevolezza, tolta la presenza, quanto ingeriamo non è più sufficiente o, all'opposto, superfluo. Potrei semplificare dicendo che abbiamo tante cose, troppi alimenti facilmente a disposizione, e raramente siamo capaci di gustarli. Ma per l'ermetismo questo non interessa, poiché la gestione dell'energia è legata alla corretta armonizzazione dei corpi, alla comprensione dell'atto presente. La qualità dei nostri pensieri influenza la qualità del cibo. Nello spesso così come nel sottile. Poiché la materia nella sua natura sottile, vibratoria, varia la sua qualità. Così la qualità sottile di una mela cambia notevolmente in base alla consapevolezza di chi la mangia. Il cibo è lo stesso, la quantità anche, ma la sua natura cambia. La capacità del cibo di trasformarsi in elementi più sottili dipende dalla consapevolezza che interviene come ottava laterale nel processo della sua trasformazione come impulso addizionale. Questo spiega perché una persona altamente consapevole ha bisogno di un quantitativo molto basso di sostanza per sopravvivere. La qualità dei nostri pensieri determina direttamente anche la qualità delle cose che mangiamo. Tutto è connesso, secondo una legge ermetica nota. E lo scambio è sempre bidirezionale, poiché la risonanza tra i corpi si svolge anche in modo inconsapevole, nostro malgrado. Se mangiamo contrariati la nostra vibrazione produce delle risonanze sottili che inducono un magnetismo per le stesse della stessa natura, negativa, di ciò che ingeriamo. Finiamo così per accumularle nel nostro corpo sostanze di natura delle quali dovremmo fare volentieri a meno. Una piccola cristallizzazione nella personalità. Fin d'ora possiamo abituarci che quello che è vero per un piano, in questo caso per i primi tre, si riflette in quelli successivi con significati che pur comprensivi del primo si completano di nuove considerazioni. Il cibo va vissuto, dunque, in modo consapevole e felice, come un dono della terra. Se lo viviamo in questo modo, anche se non siamo ancora in grado di consapevolizzarne il contenuto, ecco che il nostro corpo da solo esercita almeno parzialmente i suoi centri di attrazione. La materia, dunque, nei suoi stati vibratori, si compone anche dell'etere emozionale. Per l'ermetismo, infatti, non può esistere nulla che non abbia tutte e tre le nature, fisica, emozionale e mentale. La nostra qualità del tempo determina la prevalenza o l'altra di questi tre aspetti nelle cose nel momento in cui riusciamo a coglierli. Questi aspetti possono essere estratti sia con l'atteggiamento consapevole che per funzione diretta dalle impressioni. Una impressione positiva, l'ascolto della bellezza, richiama i sottili emozionali, rigenera il corpo astrale e armonizza le funzioni. Questa operazione di concentricità riduce il dispendio energetico. Il respiro. Il modo con cui lo facciamo, contribuisce a questa armonizzazione. L'aria, in sé, riflette i sottili necessari al corpo mentale. Respirare in modo consapevole almeno qualche minuto al giorno aiuta al corretto uso dell'energia che abbiamo a disposizione e ne incrementa lo stato. In un corretto modo di essere tutte e tre le azioni, alimenti, impressioni e respiro, dovrebbero correlarsi in un singolo atto.

7

IO

Gli stati di coscienza possibili per l'uomo sono quattro. Due appartengono alla personalità nello stato ordinario, in orizzontale, e due all'essenza, nel passaggio alla verticalità. In realtà noi passiamo il nostro tempo nei primi due, tra sonno e la veglia relativa. Quando cominciamo ad analizzare ciò che siamo, e lavorando su noi stessi tentassimo di ricordarci di noi, quanto emerge da quello che notiamo non ci piace. No, non è semplicemente una constatazione poiché l'immagine che noi ci siamo fatti di noi non corrisponde esattamente a quello che noi siamo in realtà. Mi verrebbe da dire, poiché è lo stato dell'io orientato, che questa corrispondenza non ci è proprio possibile. Il corpo non è concentrico e sviluppa molte dissinergie. Se potessimo scattare delle fotografie del sottile in vari momenti della nostra giornata, in parallelo all'espressione del viso, all'umore, alle parole che proferiamo, ci accorgeremmo che quello che vediamo non corrisponde affatto a quello che noi diciamo o sosteniamo di essere. Il riflesso della realtà ci arriva come una specie di eco lontano quando ci analizziamo o ci chiediamo come ci siamo comportati in una determinata situazione. Lo stato vibratorio più spesso e prossimo alla personalità, essendo di un materiale più vicino al nostro grado di comprensione, genera infatti delle tossine vibrazionali, le potremmo chiamare così, che si estroflettono, mutano, e generano attrito. Per risonanza, sempre nella illogicità dell'ermetismo, queste estroflessioni ci accompagnano in tutti quei piccoli dissapori che sentiamo o viviamo nella nostra giornata. Il nostro essere cambia in continuazione sollecitato dall'esterno e in un istante siamo identificati con qualcuno che poi non riconosciamo più. Noi siamo però anche quell'io, lo siamo proprio, anche se non ammetteremmo mai di essere qualcosa che non ci piace. Lo siamo dall'essere. Lo siamo perché essendo un aspetto della nostra personalità, e quindi acquisito, non ci appartiene più di quanto potrebbe appartenerci un pantalone, una maglietta, un libro, un pensiero, un'emozione. Quindi da una parte non possiamo dire che uscendo indossando una maglietta che non ci appartenga, che la stia indossando un altro, ma è anche assolutamente falso pensare che noi siamo proprio quella maglietta. E' un po' come se qualcuno ci dicesse – Che bella maglietta che sei!- . Oppure affermasse – Che bel pensiero sei! - o - Che bella sensazione sei!- Così via fino alle azioni e alle abitudini. Però finché rimaniamo all'abito, al vestito, al corpo, forse questa affermazione dovrebbe, e non a caso dico dovrebbe, sembrarci assurda, ma, a mano a mano che passiamo alle emozioni, ai pensieri, a quello che riteniamo più intimo per noi, tutto ci appare più plausibile. Ma non è così. Cambia l'espressione della materialità con cui la personalità si esprime ma il piano è il medesimo, l'essenza ad esso riferita uguale. Non ci appartengono, quindi, così come non appartengono all'essenza. Ma se noi stessi, noi, ci dicessimo, come ora state pensando, che quelle stesse cose non siamo noi, vi parrebbe assurdo. Se vi chiedessi di parlare di voi stessi nominandovi, parlando di voi con il vostro nome, noterete si una certa difficoltà ma non meno sareste pronti a difendere le identificazioni su cui avete costruito il vostro modello. Ora vi chiedo di parlare di voi senza fare riferimento alla personalità, scartando quello che appartiene alla materia, il lavoro che fate, i legami che avete e dove siete nati. Fate appello alla vostra essenza. Provate! Sono fatto in questo modo. Improvvisamente non avete più nulla da dire. La nostra persona è dominata da io che spesso non riconosciamo come nostri, che riteniamo noi malgrado non ci piacciano e che subiamo. E questo, come prima, nonostante che se qualcuno ce lo dicesse, ci parrebbe comunque assurdo. Ad esempio, non potendo fare altro, magari provando fastidio, ci definiamo con il lavoro che facciamo o, nel caso più semplice, con un nome e cognome, il luogo e la data di nascita. Ci definiamo come un codice fiscale! E il malessere che possiamo provare in quell'istante non è relativo alla materia di definizione, ma alla segreta consapevolezza di dire cose non vere, di dire cose che in realtà non dicono nulla di noi, che non esprimono affatto la nostra bellezza. Padre Natale, un frate francescano che viveva da eremita nascosto tra i monti emiliani, aveva accolto Carlo con un sorriso enorme. -Ma perché mi guardi in questo modo- aveva chiesto lui che si sentiva a disagio e sicuramente non proprio a posto con sé stesso. -Perché vedo la bellezza- fu la risposta. La bellezza. Ecco l'essere. L'aspetto angelico dell'universo in noi. Le linee di potere che si allungano sugli oggetti, l'intorno, le persone, in un intricato dedalo di intrecci luminosi. Ma immerso completamente nel processo di identificazione Carlo non si vedeva. Se vi chiedessi ancora chi siete in realtà, anche ora, voi dovreste fare per forza un appello a qualche identificazione, non avendo una risposta, adesso, a questa domanda. Allora, ora, fate riferimento a un episodio importante della vostra vita, un episodio in cui il resto del mondo sia apparso per un attimo svanito, qualcosa che emozionalmente abbia spazzato via ogni pensiero, ogni rimando, e cercate di cogliere il sentire di quell'istante, la vostra identità di quel momento, quel modo intraducibile difficilmente spiegabile, ed ecco un lampo di chi siete. Ma noi siamo costantemente identificati con i nostri pensieri, con i nostri desideri, con la nostra attenzione, con le nostre emozioni e con la nostra immaginazione. Il fatto principale è che riteniamo importante le nostre identificazioni, rinunceremmo a tutto ma non alle nostre identificazioni. E non ci rinunciamo perché le riteniamo positive e indispensabili per la nostra vita. A tal punto, a volte, che la considerazione esterna degli altri, ad esempio per il modo con cui siamo vestiti, diventa un tema di felicità o infelicità. Quello che abbiamo addosso un tema di felicità o infelicità? In questo non vi è nulla di noi e tutto del processo meccanico identificativo. Provate a cambiare la disposizione degli oggetti in casa di qualcuno o anche la vostra. Mi divertivo a cambiare la posizione dei piccoli soprammobili in casa di mia sorella. Lei passava e in automatico, reagendo alla proiezione della sua identificazione, li ridisponeva secondo un ordine preciso. Non chiedeva neppure come mai si fossero spostati. Passando, in automatico, riproponeva all'esterno i suoi codici interiori. E così facciamo con le nostre idee e con le nostre convinzioni fino a confondere la personalità con l'essenza. Ridisponiamo le nostre convinzioni continuamente. E in questo non vi è nulla di negativo se non farlo in modo inconsapevole, senza la gestione di questo atto meccanico e senza fare appello all'io più consapevole. Ma per ricordarsi di noi dobbiamo rinunciare all'identificazione. Voglio chiarire bene questo concetto. Rinuncia non significa farne a meno. Rinuncia non significa stigmatizzarla, ma ricollocarla come strumento, come qualcosa che ci può essere utile senza renderci schiavi di essa. Lo sviluppo fisiologico del bambino, dalla sua fase fetale a quella adulta, ripercorre lo sviluppo ontologico dell'uomo e in parallelo l'universo. In breve, quando cresciamo, ripercorriamo tutti gli stadi dell'evoluzione dell'uomo, della coscienza collettiva, dall'inizio dei tempi fino ad oggi. Avrete notato che i bambini oggi sono più precoci di quanto lo eravamo noi da bambini. Il loro sviluppo include anche le nostre scoperte. Segue, il bambino, la consapevolezza collettiva, viene trascinato suo malgrado in avanti. Accade che nel bambino alla nascita non ci sia la consapevolezza del mondo, delle cose, in un certo senso tutto è uno. E il mondo è un tutto unico senza divisioni, proprietà, senza nulla di diviso. Subito cominciamo a imparare che noi facciamo parte di questo mondo e necessariamente ad affermare la nostra esistenza: è mio! Ecco il principio di identificazione. Provate a togliere dalle mani un oggetto su cui un bambino ha gridato -è mio!- Questo accade anche a noi nel nostro sviluppo psicologico dall'età infantile fino a quella matura. E così dovremmo passare da una identificazione necessaria a conoscere le cose a una ribellione adolescenziale che ci permetta di vedere che l'identificazione non è il fine dell'esistenza, per arrivare a ricordarci di chi siamo e vivere le cose apprezzandole per quel che sono. L'identificazione non è dunque di per sé negativa o positiva, ma può esserci utile o meno. Identificarci con il nostro nome può essere necessario perché ci permette di farci riconoscere ma dipendere da questo fatto è assolutamente sciocco, privo di senso. Le identificazioni non sono tutte uguali e possono essere, fisiche, mentali, emozionali o sviluppate sul piano relazionale con la considerazione. In quella fisica un uomo si riconosce in qualcosa di materiale che può essere il suo stesso corpo, un oggetto, o, come accade spesso, qualcosa che testimoni il suo successo. Quella mentale ci proietta a identificarci con un'idea, un pensiero, un concetto. Emerge quando siamo in discussione con qualcuno. Difendere le nostre presunte ragioni diventa qualcosa di fondamentale, importantissimo. Se vi osserverete bene vedrete che in realtà non vi interessa affatto parlare, cioè dare e avere, confrontarvi, sostenere una posizione, ma l'unica cosa che vi interessa è aver ragione, avere il riconoscimento di quanto espresso poiché in quel momento quello che difendete non è il concetto, ma siete voi, la proiezione di un vostro io. Negarlo significa negare la vostra esistenza. E' un po' come se l'altro dicesse che voi non esistete e, perciò, non valete nulla. Aiuto! L'identificazione emozionale è quella più sottile, poiché è strettamente legata al centro magnetico della funzione mentale nella sua parte emozionale e ha un forte polo di attrazione per la frammentazione dell'io, e quindi, è difficile da vedere. Siamo convinti che se non siamo profondamente identificati con le nostre emozioni non potremmo vivere, che se non fossimo identificati in esse ci trasformeremmo in pezzi di legno e così facendo confondiamo il processo di identificazione con le emozioni stesse. Vi innamorate di qualcuno e subito le giornate sono più belle, tutto vi sorride, la vita è veramente meravigliosa. E poi si dice che l'amore è cieco. Ci vede benissimo! Ma poi vi identificate con l'oggetto del vostro amore e subito nasce la gelosia, l'indivia, la diffidenza e infine la paura. Paura di perdere l'oggetto del vostro amore. L'identificazione vi spinge a trasformare ciò che amate, infatti, in un oggetto. Ci diciamo allora che è un amore passionale. Ma con la passione un amore così fatto non ha nulla a che fare. Ora sì che l'amore, l'amore identificato, è un amore cieco. L'ermetismo sottolinea una particolare identificazione che domina le nostre giornate: la considerazione. Essa occupa un posto enorme nella nostra vita. Ne esistono molti tipi ma distinguiamo subito una considerazione esterna e una interna. Parlando della considerazione interna possiamo dire che essa si sviluppa dall'immaginazione. Non abbiamo coscienza di come siamo realmente e per questo motivo ci descriviamo in modo del tutto positivo immaginandoci buoni, belli, felici, e anche quando notiamo nella nostra personalità un connotato non positivo lo avvaliamo sempre con una giustificazione. Mi arrabbio spesso, ma. Certo non ho fatto una bella cosa però non potevo fare altrimenti. Certo, non è stato bello, ma vorrei vedere un altro al mio posto. Ecco che allora cominciamo a desiderare ardentemente che tutto quello che accade fuori di noi corrisponda a quello che ci siamo immaginati corrispondere a quello che siamo. Identificati così fortemente con l'immagine che ci siamo fatti di noi che, semplicemente, tutto quello che non conferma questa proiezione è falso, ingannevole, sbagliato. La considerazione interna ci porta a trovare fastidioso tutto ciò che fuori di noi non coincide e conferma la nostra immaginazione. Ci identifichiamo con quello che gli altri pensano di noi, con il modo con cui ci trattano, con il loro atteggiamento. Come potrebbe non trovarmi simpatico? Perché non mi ha salutato? Come è possibile che mi consideri uno stupido? Non possiamo accettare che qualcuno possa avere un'idea non positiva di noi stessi. Non possiamo nemmeno accettarne il sospetto poiché sarebbe un affronto alla nostra identificazione. Vedete bene il giudizio degli altri si infrange sulle nostre identificazioni, non su di noi. Anzi, vi dirò di più, spesso una considerazione che non ci piace è da tenere in considerazione perché può illustrarci un io che noi non vogliamo ammettere di avere. La considerazione interna ci spinge a fare delle cose che non amiamo perché esse coincidono con l'idea che noi vorremmo che gli altri abbiano di noi. In questo modo pur di piacere, pur di evitare che gli altri possano pensare non sappiamo nemmeno bene cosa, ci costringiamo a fare cose che non amiamo affatto, semplicemente perché vogliamo fare amare non noi, ma l'immagine che ci siamo costruiti, l'immagine che crediamo di avere. Un paradosso enorme, assurdo, tanta fatica per far amare qualcuno che nemmeno esiste e che, magari, gli altri giustamente, nemmeno vedono. E ancora che contraddizione: siamo qui per amare e non per farci amare. Il bambino sa che qualunque cosa fa sarà amato, crescendo scopre che per essere amato deve fare qualcosa, deve rendere felice i suoi genitori, pensa, e poi invece di rimparare l'amore consapevole e incondizionato della vita, si porta dietro questo incompiuto senso dell'amore che esige invece di dare, e questo senso gli dice che se è amato vuol dire che è buono, bello, piacevole. I corpi, allora, prendono una forma strana, sviluppano delle asimmetrie. Per risonanza il disequilibrio, che possiamo paragonare a una impronta, lo passiamo poi alle persone a noi più prossime. IL mondo decide, così, il vostro grado di felicità. A tal punto che anche il clima può decidere il nostro umore. Ma guardate la potenza dell'identificazione! Nulla è meno in nostro possesso della possibilità di decidere il clima, nulla, eppure, poiché questo non coincide con quello che noi vorremmo, ecco che la cosa ci infastidisce, ci trascina via. Pensate a che considerazione interna è questa. Poiché il clima non corrisponde alla giornata con la quale io ritengo di poter aver un umore buono io non starò bene. La considerazione esterna, invece, è la capacità di comprendere la personalità degli altri, di vedere le loro identificazioni. Colui che fa un lavoro su di sé non può fare a meno degli altri, di poterli osservare, di goderli per come sono e di riconoscere negli altri le stesse cose che appartengono a lui. E invero la risonanza, malgrado quello che possiamo pensare, ci mette in riflesso proprio a ciò che è fuori dalla nostra consapevolezza. La nostra immaginazione ci impedisce, però, di prenderne atto poiché adottiamo sempre degli strumenti deresponsabilizzanti, degli ammortizzatori appunto. Così dovete prendere il treno alle cinque del mattino. Scendete di casa verso le quattro e quando arrivate alla vostra bicicletta la trovate con una ruota a terra. Allora per un attimo vi disperate, poiché pensate che, essendo tardi, perderete il treno. Ma ecco che vi viene in mente che un vostro caro amico può prestavi la bici. "Certo sono le quattro del mattino ma è un amico, capirà. Non servono a questo gli amici?" ma dirigendosi verso la sua casa cominciate a pensare. "Certo che l'ultima volta che gli ho preso la bicicletta gli ho rotto il fanale e non l'ho nemmeno riparato, sono sicuro, non me la presterà. Però ieri gli ho fatto un favore, si me la lascia. Lo conosco è attaccato alla sua bici come non mai, penserà che alla stazione gliela ruberanno, non me la darà. E no, un momento, fra due giorni gli devo fare un nuovo favore, e no, non mi dirà di no." E così pensando intanto vi avvicinate a casa sua. "Certo che potevo ripagargli almeno il fanale, lo conosco, se lo sarà scritto da qualche parte. Ma mi vuole bene, me la presterà. Però è così pigro, figuriamoci se domani va in ufficio a piedi per prestare la sua bici a me." Intanto si avvicinano le cinque. Siete sotto casa sua e suonate il campanello, lui assonato si affaccia alla finestra e vi chiede<<Cosa vuoi a quest'ora?>> E voi:<< Vai a quel paese tu e la tua bici!>> L'immaginazione è la capacità della nostra mente non di astrarsi dal reale ma di seguire, per la via di minor resistenza, i suoi schemi mentali. Essa occupa un posto enorme nella nostra vita, un posto enorme ed è la fonte dei preconcetti, come nella storiella precedente. L'immaginazione, e non la mente astratta, è negativa perché consuma una grande quantità di energia senza apportare alcun beneficio. Inoltre, poiché si lega ai canali energetici e corre in simbiosi con il meccanismo del fastidio, finisce col pensare a cose che hanno sempre un esito negativo. Ne esistono molti tipi. Ognuno di noi, dunque, ha formulato una idea immaginaria precisa di com'è, di cosa pensa, di cosa fa. E vive nella ricerca spasmodica della conferma di quanto ha deciso. Esiste l'immaginazione sulle nostre idee che ci illudiamo di avere. Se abbiamo verificato che il nostro io è frammentato quale idea certa potremmo mai avere, riferita a quale io? A questo riguardo non possiamo che mentirci, raccontarci cose che poi non corrispondono alla realtà. L'immaginazione nasce quando cominciamo ad analizzare il nostro rapporto con gli altri e il modo spesso con cui educhiamo i bambini. Vi faccio un esempio. Io dico a Marco: -Non appoggiare il libro sul tavolo perché ho paura che cada-. Marco lascia il libro sul tavolo, io me ne accorgo, e tolgo il libro. Nel momento in cui, probabilmente, rimprovero Marco di non aver fatto quello che gli ho detto dirò che ha lasciato il libro sul tavolo, il tavolo non poteva reggerlo, se cadeva tutto qualcuno poteva farsi male e magari il libro si sarebbe spaccato in due. Alla fine sarò così identificato in quello che io ho immaginato potesse accadere, ma non è accaduto, che l'altro sarà colpevole di cose che non sono mai successe. E il livore accumulato non sarà reale o proporzionato a quello che è realmente accaduto, ma correlato a tutto il percorso della mia immaginazione. Occorre comprendere che l'immaginazione negativa nulla c'entra con l'analisi, ossia con il metodo che utilizzo risolvere un problema, affrontare un progetto, e valutare tutte le possibili correlazioni che ci possono essere prima ancora di svilupparlo, o con la capacità astrattiva dell'essenza. Se io devo realizzare un progetto allora verifico se il progetto è attuabile, come, quando lo è, possibilmente dove e facendo un'analisi accurata mi impegno a realizzarlo consapevolmente in base a quello che ho a disposizione, facendo ricorso alla personalità. Sposto poi quello che adesso io so nell'ambito astratto, sia creativo che mentale, facendo ricorso all'essenza, cercando la comprensione di quello che voglio realizzare. Questa è l'analisi potenziale. L'immaginazione è invece la fonte dell'aspettativa. Con l'aspettativa attendo passivamente che qualcosa accada, non valuto, non analizzo, confido che prima o poi qualcosa succeda. La potenzialità richiede sforzo, l'aspettativa no. Con l'aspettativa vivo nell'immaginazione che qualcosa prima o poi succeda, vivo nei sogni di qualcosa che dovrebbe accadere, vivo nel futuro. L'aspettativa descrive un piano in cui non vi è discernimento, correlazione con l'oggettività, e facendo ricorso all'immaginazione descrive qualcosa che non esiste, che corrisponde non al dato reale, ma solo a quello che noi vorremmo, rispondendo al nostro desiderio. La potenzialità viaggia nel presente, l'aspettativa nel futuro. La fiducia è una emozione superiore. La speranza, frutto dell'immaginazione è un'emozione negativa. Certo tutto questo ci crea disagio. Siamo abituati a mentirci. Avendo verificato che molte delle nostre azioni sono meccaniche e che, in realtà, non possiamo fare molto, abbiamo sviluppato molti meccanismi difensivi. Questi dispositivi artificiali vengono detti ammortizzatori o paraurti. Una specie di vettura in movimento. La macchina si allinea alle forze evolutive. Procede, non potendo fare altro, e genera attrito. Attrito ogni volta che ci opponiamo a questo mutamento. I principi allora precipitano, si consolidano, cristallizzandosi nei vari corpi, procedendo da quello più esterno sino al corpo fisico. Gli ammortizzatori non sono creati dalla natura, dall'intorno entro il quale ci muoviamo e non sono archetipi o forze evolutive, ma da noi stessi, benché in modo assolutamente involontario e dipendono dalla personalità. Se noi dovessimo sentire durante la nostra intera vita tutte le contraddizioni che sono in noi, non potremmo svolgere più alcuna azione e vivere con facilità. Pensate a qualcuno che vi ascolti e prenda nota di tutto quello che fate per poi cercare di raccontarvelo a fine giornata con cura certosina. Quel qualcuno esiste, sapete? Quel qualcuno inascoltato è la vostra essenza. Se sentissimo la nostra essenza raccontarci ciò che ha registrato e sentito perderemmo completamente la fiducia in noi stessi, nelle cose che facciamo. Gli ammortizzatori ci impediscono di sentire gli urti delle nostre contraddizioni, dalle emozioni e delle nostre parole. Gli ammortizzatori si formano per gradi, lentamente, durante il corso della vita. Un gran numero di essi deriva dall'educazione e si generano per imitazione. Per risonanza, appunto, imitiamo inconsapevolmente la disposizione sottile dei nostri genitori. Possiamo anche per finire di fare proprio quello che meno sopportavamo di loro, condotti dalla meccanicità della nostra disposizione corporea. A tal punto da esserne completamente ignari. Eppure, anche se ci impediscono di far ricorso all'essenza, è proprio grazie a loro, ogni volta che li consapevolizziamo, che possiamo modificare il nostro stato di coscienza. Gli armonizzatori sono infatti un riflesso delle nostre proporzioni interiori, dell'impronta sottile che ci contraddistingue. Entrano in azione ogni volta che ci creiamo un alibi, ogni volta che quello che ci succede dipende dall'esterno, dipende da tutti o tutto tranne che da noi. E' la signora il cui latte sul fuoco fuoriesce sui fornelli perché, alla finestra, è stata distratta dallo sconosciuto che passava per strada e che afferma che la colpa è assolutamente del passante. Gli ammortizzatori agiscono nel sottile irrigidendo i corpi, creando zone d'attrito, impedendo la corretta fruizione delle energie. Agire su di essi direttamente richiede un grande esercizio di presenza e una forte consapevolezza. Possiamo però abbattere indirettamente gli schemi su cui essi sono stati costruiti facendo leva alla responsabilità oggettiva e a quella soggettiva. Questa operazione, pratica, è molto efficace e più facilmente sopportabile dallo spirito conservativo dell'identificazione. Con la responsabilità oggettiva dobbiamo fare un piccolo sforzo e accettare, nostro malgrado, che le cose che non sono andate nel modo in cui intendevamo noi e coinvolgono necessariamente qualcun altro nella loro realizzazione, siano di nostra completa e assoluta responsabilità. come se gli altri o l'altro non esistessero. E' un esercizio potente, molto particolare. Esso implica che il risultato non sia importante, che l'esito non lo sia, ma che sia più importante la nostra capacità di accettarlo comunque sia andata. Siete a un bivio, scegliete una direzione e procedete fino al momento in cui vi rendete conto di aver sbagliato clamorosamente e che l'altra soluzione era quella corretta. Ora, seduti sul ciglio del vostro errore, potete passare il tempo accusando il destino, la malasorte, qualcuno che vi ha consigliato male, le indicazioni sbagliate che avete ricevuto, e sempre spostando l'attenzione sull'altro, fuori di voi, indicare qualcosa che non intacchi la vostra identificazione, la vostra natura perfetta, oppure fare una atto di forza importante e decidere che la responsabilità è vostra, che tutto è dipeso da voi, anche e solo aver ascoltato qualcosa che dovevate comprendere in un altro modo, e lasciare che la vostra essenza si espanda, che i vostri corpi si allineino, che la personalità assuma il suo corretto ruolo. L'essenza. E' ancora lei nella responsabilità soggettiva che rovescia il mondo, che decide che ogni avvenimento possa dipendere in modo assoluto anche da voi, che nulla è distinto ma tutto è uno. Così, partecipi agli eventi dell'universo, nulla è distante e tutto vi riguarda. Allora i due mendicanti che hanno litigato per una coperta finché voi non gli avete regalato la vostra non sono così lontani dal vostro mondo. Così ogni parola scritta su un libro, su un testo sacro, su un libro di scienza, è scritta per voi, vi da del tu. Il mondo, ora, non vi deve nulla, se vedete bene, ma è a credito del vostro modo di essere, della vostra vera identità.

DISAGIO → FA24-SOL12-LA6

Se riusciamo per un attimo a vederci come una macchina, allora dobbiamo imparare a lavorare su di noi, sulla personalità, come si fa usando dei comandi. L'essenza domina la personalità e ne fa uso come se fosse uno strumento. Il corpo emozionale domina la scena nelle relazioni. Nella sua forma estesa, nel punto di vibrazione più basso, reagisce al nostro mondo psichico. Così la scala del tono ci aiuta a governarlo sapendo che, quando ne siamo identificati, esso domina noi. Una rappresentazione semplice, una relazione facile, che ci permette di capirci. La relazione fra i vari corpi, infatti, è primariamente meccanica, un po' come accade con il respiro. Anche quando non ne siamo consapevoli, comunque, respiriamo, viceversa possiamo consapevolmente modificarlo a comando. Le funzioni corporee sottili stabiliscono delle relazioni che determinano la qualità del nostro umore, dei nostri pensieri, delle nostre necessità. La relazione, il corpo emozionale, nel nostro percepito quindi è una diretta emanazione della sua disposizione materiale sul piano sottile. Quando siamo in balia degli eventi esterni e non esercitiamo un ego unico ogni esperienza emozionale modifica la struttura del corpo emozionale. Questo rapporto biunivoco tra noi e il resto dell'universo, generalmente, è per noi completamente fuori controllo. Per tornare all'esempio di prima sul respiro è un po' come se il nostro modo di respirare si modificasse improvvisamente, sempre, senza nessuna possibilità di scelta per noi. Sono certo che ognuno di voi è fermamente convinto dell'unicità delle sue emozioni e del fatto che esse siano un frutto spontaneo e non modificabile. Aggiungo di più. Molti di voi sono convinti che governare in qualche modo le proprie emozioni sia qualcosa di orribile, qualcosa che renderebbe l'uomo un automa. Ma guardate l'assurdità, è esattamente il contrario. Essere in balia delle emozioni figlie del processo di identificazione e dell'immaginazione, reagire meccanicamente a ogni sollecitazione, questo, sì, ci rende un automa in balia delle influenze esterne. Le sole emozioni superiori, quelle non identificate, quelle che non fanno ricorso all'io, ci rendono liberi. La scala del tono descrive, salendo verso l'alto o scendendo verso il basso, proprio questo gradiente di identificazione partendo dal livello zero. Per l'ermetismo ogni livello porta con sé un preciso grado di materialità e gli idrogeni assumono via via un grado sempre più elevato più ci si allontana dall'identificazione. La parte positiva di questo assunto è la possibilità di cambiare la propria relazione emozionale, il rapporto tra i vari corpi e lo stato emozionale, semplicemente cercando, volendo, lo stato che segue quello nel quale ci troviamo, attraverso l'osservazione. Per riuscire in questo dobbiamo abbandonare ogni immaginazione.

LLUMINAZIONE

SERENITA'

GIOIA

PACE

AZIONE

ENTUSIASMO

ALLEGRIA   AMORE-ALTRUISMO

CONTENTEZZA

TRANQUILLITA'

SODDISFAZIONE

FORTE INTERESSE

INTERESSE

LEGGERO INTERESSE

LIVELLO ZERO

LIVELLO ZERO

DISINTERESSE

NOIA

MALINCONIA

ANTAGONISMO

OSTILITA'

TRISTEZZA

COLLERA

ODIO   EGOISMO

RISENTIMENTO

ANSIA

PAURA

DISPERAZIONE

TERRORE

AUTODEGRADAZIONE

VITTIMISMO

FALLIMENTO

DEPRESSIONE

APATIA   MORTE

Naturalmente meno siamo identificati in qualcosa, tanto più sapremmo riconoscere dove siamo. E' evidente che alcune emozioni che noi generalmente pensiamo come normali e che spesso cataloghiamo come altruistiche o relative all'amore con l'altruismo non c'entrano affatto. I sentimenti, le emozioni, gli stati d'animo che compaiono nella prima colonna sono relativi all'amore e all'altruismo. La materialità si assottiglia, l'energia cresce con essa, il corpo emozionale si riallinea con gli altri corpi. In questo stato noi siamo radianti e il colore delle nostre emozioni si imprime nell'inconscio di chi incontriamo. Allora si dice che è una persona solare. Allora si pensa a un colore vivace per rappresentarla. Solare appunto. La seconda colonna invece, verso il basso dal livello zero, corrisponde agli stati d'animo sempre più egoici e identificati. La materia si ispessisce, diventa più pesante, e i rapporti tra i vari corpo appaiono squilibrati, meno fluidi e più rigidi. Laddove ci sia identificazione e immaginazione non c'è alcun tipo d'amore e soprattutto non c'è l'altro. Entriamo in noi stessi, non ci allontaniamo da noi, siamo sempre più isolati e il nostro colore diventa implosivo. Eccoci grigi. E' l'amore non corrisposto. Il nostro rapporto con qualcuno termina. La persona ci manca, stiamo male, siamo depressi e arriviamo magari a fare delle stupidaggini. Quello che facciamo e sentiamo in nome del nostro amato non ha nulla in comune con l'amore. Amore significa tutto ciò che rimane sopra il livello zero, il resto è figlio della nostra identificazione, della nostra immaginazione. Il resto non ha nulla a che fare con l'altro, con quello che fa, ma solo con noi, con il nostro io. Non lo diremmo, che non è amore, poiché stiamo soffrendo. Ma non lo è perché questo sentimento riguarda solo noi e non coinvolge nessuno al di fuori di noi e l'amore è un'emozione superiore, va oltre i limiti imposti dall'io, è di tutti. E l'amore, l'innamoramento, è un'occasione irripetibile per concepire il nulla, l'estasi. Quando amate profondamente la vostra mente cessa di esistere, il passato non esiste, il futuro non esiste, il momento presente è la sola cosa che esiste. Quando amate il presente è il solo tempo. Questo è il tempo dell'essenza. E' il tempo con una identità precisa, in un piano preciso. Nella nostra esperienza è solo l'amore la cosa che va oltre la dualità. Due persone che si amano sono sempre più di uno, il due non esiste, l'apparente dualità scompare e rimane solo quella fisica esterna. Nella nostra esperienza l'amore è la cosa più facilmente riconoscibile che più si avvicina all'essenza. Nell'amore si sente l'unione. Ecco perché c'è tanta brama per il sesso. Il desiderio vero è per l'unione. Quindi, non ci sono possibilità di scelta, per l'essenza questa scala decide lo stato delle nostre possibilità. Sotto il livello zero l'identificazione ha preso il sopravvento, indipendentemente dalla causa scatenante. Indipendentemente dalla sua gravità. Sotto il livello zero l'amore, l'amore come emozione superiore, non esiste. Sopra quel livello, al contrario, la personalità si mette a disposizione dell'essenza nel tentativo di non essere duale. Nella nostra quotidianità ci serviamo spesso della parte bassa della scala. La ragione è ovvia poiché a questo livello si fa ricorso all'immaginazione e all'identificazione, è possibile più facilmente trovare un punto di accordo con gli altri e poi, per la via di minor resistenza, facendo appello alla personalità, richiede poco sforzo. Non siete d'accordo? Non lo siamo, d'accordo quando pensiamo che se qualcuno sta male il modo migliore per comunicare la nostra partecipazione a questo fatto sia dimostrargli emozionalmente il nostro coinvolgimento. Ci mostriamo allora con una faccia contrita, piena di commiserazione, come se girassimo i comandi della televisione e cambiassimo faccia e espressione via via che scorrono i canali. L'identificazione domina la personalità, niente altro. Vedete bene che qui non c'entra affatto l'amore, la vitalità. Semplicemente ci proiettiamo in quella situazione con l'immaginazione. Questo non ha nulla in comune con la compassione, ossia con la comprensione di quello che sta succedendo, la consapevolezza amorevole, gratuita, felice, di quello che accade. Allora, nella stessa situazione, se volete aiutare qualcuno che ad esempio che prova odio, dovete farlo arrabbiare. Si, lo dovete fare arrabbiare. Salire di un passo nella scala del tono. Al contrario è un po' come se vostro figlio vi dicesse che ha male a un dente e voi passaste il tempo a dirgli poverino senza portarlo dal dentista.

So per certo che queste parole generano indignazione poiché le nostre identificazioni e il modo immaginato con cui ci rapportiamo a quello che ci circonda genera sempre conflitto. Ma non si può fare altrimenti che rivoluzionare un poco quello che crediamo di sapere di noi stessi. L'identificazione, il coinvolgimento emotivo non aiuta certo a risolvere né a comprendere realmente. Se siamo nella parte bassa della scala del tono possiamo aiutare noi stessi o gli altri operando sul corpo sottile, inducendo lo stato emozionale successivo. Salendo la scala del tono l'energia diventa radiante, si espande, il corpo emozionale si colora, mentre scendendo l'energia diventa dissipante e il corpo emozionale si irrigidisce. Più scendiamo più la persona che si trova a un dato livello consuma, dissipa, energia inconsapevolmente. In alto nella scala del tono l'energia esce fuori da noi, come aura nei santi, e in basso invece viene assorbita. Io lo so che se pensate alla vostra relazione con gli altri sapete bene di cosa parlo poiché se non per conoscenza almeno per esperienza alcune cose si sentono benissimo. La scala può essere percorsa solo a gradini, non c'è alternativa, poco alla volta e nessun passaggio può essere saltato. Ecco allora che è importante che una persona che vive nell'ansia debba provare un sentimento d'odio per poter risalire verso l'alto e cambiare il suo stato energetico. E così via, cercando di invertire la direzione energetica e i rapporti tra i vari corpi. Passo dopo passo. Sarebbe perfettamente inutile dire a una persona depressa di essere felice. Non lo potrebbe essere nemmeno volendolo con tutte le sue forze poiché il salto di energia dal suo stato a quello da noi indicato sarebbe troppo ampio. E anche questo, credo, ognuno di noi, per averlo provato, lo sa benissimo. I vincoli delle linee dei corpi in uno stato egoico cristallizzano i loro rapporti in posizioni disarmoniche, irrigidendo ogni posizione. Dovremmo, invece, accettare l'idea del fallimento, vivere poi il sentimento di vittimismo, anche adesso e via via, salendo in un leggero crescendo, percorrere la scala del tono nella sua ottava ascendente. Ma malgrado quello che possiamo dirci anche adesso, quello che sappiamo, che leggiamo, subiamo la realtà e rispondiamo ad essa creando dei desideri corrispondenti allo stimolo che abbiamo ricevuto. Un esempio? La moda o l'idea di successo. Tali idee sono preformate, non le abbiamo create noi, semplicemente le subiamo. I nostri pensieri procedono dopo i desideri, in conseguenza di essi come se non pensassimo affatto con l'inganno di essere convinti di farlo. L'ermetismo immagina la vita psichica di un uomo normale come le polveri colorate di una clessidra. Sotto le influenze esterne la posizione relativa delle polveri cambia repentinamente. E' impossibile rendere stabile la posizione reciproca delle polveri in caso di mescolamento meccanico ordinario. Così è impossibile rendere stabile la armonizzazione dei corpi tra di loro. La stabilità di queste polveri si ottiene attraverso l'uso del fuoco provocato dalla frizione derivante dalla lotta tra i "si" e i "no". Se l'uomo lotta contro i suoi desideri otterrà la frizione e il fuoco. Se l'uomo lotta contro le sue identificazioni e l'immaginazione riuscirà a armonizzare i propri piani vibrazionali. La clessidra cristallizza allora in punti precisi e può quindi assumere nuove proprietà diverse da quelle ottenute dalla cristallizzazione meccanica e queste proprietà non possono che venire da un uso corretto del pensiero. La possibilità di fissare le nuove qualità che scopriamo è ottenuta dal quarto e ultimo corpo, alla coscienza. Lasciati a se stessi i primi tre corpi, sotto l'influenza esterna, cristallizzano invece in punti che rendono rigida la loro interazione, fissando sottilmente, in noi, tutto quello che abbiamo sofferto o male interpretato. Alla fine di questi processi, con lo scorrere del tempo, l'insieme del nostro essere rimane imprigionato in queste rigidità e indossa qualcosa di simile a un'armatura. A questo punto, piano piano, ci rimane sempre più difficoltoso cambiare o assorbire i cambiamenti e la sabbia nella clessidra, i quattro corpi, gli elementi sottili, pur vibrando non sono liberi di muoversi dalla loro posizione. Proviamo allora fastidio per cose futili, non riusciamo a liberaci da piccoli o grandi fastidi che finiscono per dominare le nostre giornate, i nostri pensieri. Rigidi. Non esiste, comunque, una correlazione tra lo studio della fisica e lo stato vibrazionale dei corpi sottili e se l'analogia corrispondente potrebbe essere fuorviante, adesso, facendo ricorso alla rappresentazione più prossima, possiamo avvinarci alla legge che domina la scala del tono, la legge dell'ottava. Per la fisica ogni cosa è costituita da atomi legati tra di loro da legami che possono essere di diversi tipi (covalente, ionico, polare) e che hanno tutti una caratteristica comune: non tengono fermi gli atomi nella loro posizione originaria. Questo movimento fa avvicinare e allontanare gli atomi tra di loro nel tempo: 0←--→0. Questo movimento di oscillazione è detto vibrazione. Per vibrazione si intende il numero delle oscillazioni che un sistema fa nell'unità di tempo. In generale diciamo che una oscillazione è descritta, rappresentata matematicamente, da un'onda. La vibrazione è il numero di onde, di oscillazioni, nell'unità di tempo (in fisica l'unità di misura è Hz, la frequenza). Immaginiamo adesso di avere una radio trasmittente e di voler passare da una frequenza (numero di vibrazioni) di 100 a una di 200. La fisica ci dice che il numero di vibrazioni salirà in maniera progressiva e spontanea. La legge dell'ottava, invece, nell'ermetismo descrive l'andamento vibratorio dei corpi sottili e dell'intero universo in modo differente. La materia, adesso, non ha una natura atomica o di particella, ma essenziale e non può prescindere dalla qualità del tempo. E' questa la profonda differenza. In base a questa definizione i confini non sono più descritti come li intendiamo normalmente e cose apparentemente distanti tra loro, come potrebbe essere un minerale piuttosto che una nostra zona d'ombra o un pensiero, potrebbero avere la stessa natura ed essere identici. Questa legge ci dice che le vibrazioni si ampliano o diminuiscono non in modo progressivo ma che ci sono otto intervalli tra una vibrazione a una data frequenza e il suo doppio. All'interno di questa progressione vi sono poi due punti in cui si produce un rallentamento alla progressione stessa. La rappresentazione grafica di questo processo prevede la distinzione di otto gradini disuguali tra loro.

```
1                                                                    2

|---------- |-----------|---||-----------|-----------|-----------|----||-----------|

  (1)       (2)    (3)     (4)      (5)      (6)      (7)      (8)
```

l'ultimo gradino è la ripetizione del primo con una frequenza raddoppiata. La legge dell'ottava è una legge cosmica e come tale vale ovunque, in qualsiasi campo di applicazione. Lo studio della scala musicale offre una base eccellente per la comprensione della cosmicità della legge dell'ottava. Supponiamo che la frequenza iniziale a 1 sia un DO e prendiamo ancora una volta un'ottava ascendente; il periodo tra un DO e quello con frequenza 2 è diviso in sette parti disuguali:

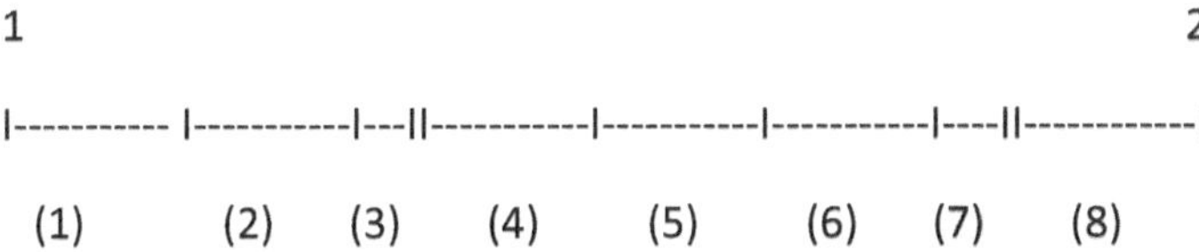

La differenza tra le note, o la differenza di altezza fra le note, sono chiamate intervalli. Tra una nota e l'altra nella scala musicale con sette toni si considera teoricamente che vi siano due semitoni ad eccezione che tra il mi e il fa e il si e il do, dove, sempre teoricamente, vi troviamo un solo semitono. In realtà invece di dodici semitoni ne consideriamo solo cinque, ben visibili dai tasti neri del pianoforte, mentre il passaggio tra mi e fa e si e do sono privi di semitoni. Quindi tra il mi e il fa e il si e il do troviamo degli intervalli. La prima cosa da osservare sulla legge dell'ottava è che nei punti di intervallo il processo cambia la direzione originaria, si piega. Quello che avevamo iniziato con un certo obbiettivo o con un certo stato d'animo si trasforma nel suo opposto. Il corpo emozionale, la scala del tono, si è piegata alla legge dell'ottava. Abbiamo cominciato a fare qualcosa e se, in almeno due momenti precisi, non aggiungiamo una forza laterale, che potrebbe essere l'utilizzo della determinazione o l'intervento di un aiuto, finiremmo per ritornare al punto da dove eravamo partiti senza portarla a termine. Per tale principio l'andamento delle cose è sempre circolare. Questo ci spiega ad esempio come la religione possa finire nell'inquisizione, l'amore in odio, la simpatia in repulsione. Inoltre tutto si trasforma e nulla rimane nello stesso punto a lungo, per le forze passive che agiscono su di essa, per cui è inevitabile che una cosa, indipendente dal nostro volere, scenda o salga. Nulla. Nemmeno i rapporti con coloro che abbiamo vicino. Nulla rimane costante. Tutto l'universo si muove in modo circolare, tende a ripetersi all'infinito, ed esce da questo movimento solo grazie all'intervento di forze attive. Ritrovarsi sempre nelle stesse situazioni, anche e solo nel nostro mondo psicologico, significa essere dipendenti dalla meccanicità. La legge dell'ottava ci dice a questo proposito che abbiamo mancato l'attimo con cui, mediante un atto consapevole o uno choc addizionale, avremmo potuto cambiare le cose. La nostra responsabilità sta solo in questo, nel non vedere. Le cose accadono, sta poi a noi interpretarle. Non vi è nessuna colpa in questo poiché la ragione stessa per cui qualcosa succede è quella di farci capire. Le ottave possono essere di tre tipi: discendenti, ascendenti, laterali o subordinate. Per colmare, infatti, gli intervalli tra mi e fa e si e do occorrono degli choc addizionali e solo con il loro intervento l'ottava può svilupparsi in linea retta e proseguire. Allora se in una ottava ascendente uno choc addizionale entra tra il mi e il fa l'ottava si svilupperà fino al si e anche in questo punto occorrerà un altro choc addizionale. Quest'ultimo dovrà avere una energia maggiore del primo perché a questo punto le vibrazioni saranno molto più alte. Nelle ottave discendenti, invece, il salto tra il do e il si compare subito e l'energia di vibrazione, lo choc addizionale che avviene a questo livello, la più alta per il processo, deve comparire subito. Nelle ottave discendenti il processo prevede la realizzazione di un'idea in uno stato di vibrazione più grossolano, come l'opera creativa di un artista che mette in atto un'intuizione, qualcosa ricevuto dal piano sottile. Nelle ottave invece ascendenti, invece, si passa alla trasformazione di qualcosa di grossolano a uno stato di vibrazione più sottile, la formulazione di una legge della fisica dall'osservazione della natura, ad esempio. L'ermetismo postula che le ottave discendenti siano creative e le ottave ascendenti siano evolutive. Le ottave laterali intersecano, si sviluppano, da una ottava principale in una rete fitta di interazioni. Un altro principio che si ricava dalla legge dell'ottava è quello relativo alle fluttuazioni. Si può infatti comprendere che lo sviluppo di ogni cosa ha delle fluttuazioni dovute alla presenza degli intervalli mi-fa e si -do. Anche nello sviluppo di un pensiero, di un'idea, dello stesso percorso della vita ci si possono aspettare delle fluttuazioni, una minor o maggior comprensione dei fatti. Conoscere la legge dell'ottava se non ci permette di sottrarci ad essa perlomeno ci consente di riconoscerla ogni volta che la subiamo e anche di prendere le distanze dalle cose, perché un conto è ritrovarsi a scontrarci ripetutamente proprio con ciò che non amiamo credendo sia colpa nostra per intero e un conto è sapere che abbiamo solo mancato un attimo per cui le cose si sarebbero svolte in un altro modo. E' la ricerca di quell'attimo che cambia ogni cosa. Questo attimo è un gesto di consapevolezza. Se guardiamo al nostro passato talvolta lo possiamo scorgere e certamente ognuno di noi, ora sa, che ci sono stati dei momenti in cui avremmo potuto cambiare il corso delle cose. Ritroviamo così l'antica legge alchemica: "per fare l'oro occorre l'oro, senza oro niente oro". Tutta l'alchimia non è altro che un'allegoria del laboratorio umano e del lavoro di trasformazione dei metalli vili (sostanze grezze) in metalli preziosi (sostanze fini). Ogni volta che un nutriente entra nell'organismo deve risuonare, per poter essere fissato, con un carbonio, sostanza attiva, presente. Il secondo choc addizionale necessario a produrre H più fini nell'ottava sull'aria non ha una natura definita ma dipende dal lavoro che un uomo fa su di sé. La materia sulla quale agisce la forza attiva viene detta carbonio C. La materia sulla quale agisce la forza passiva viene detta ossigeno O. La materia nella quale agisce la forza neutralizzante viene detta azoto N.

CIBO   ARIA   IMPRESSIONI

Sol 48   **mi** 48---------**do** 48

funzione intellettiva

fa 96   **re** 96

mi 192   **la** 24-------------------- **do** 192

funzione emozionale

re 384 do 768 **si**12

funzione motrice

Il carbonio, l'ossigeno e l'azoto presi insieme daranno una materia di quarto ordine o idrogeno H, la cui densità designa la densità dell'intero sistema. La differenza di H nelle diverse funzioni spiega la diversa velocità dei centri, così gli H sono più sottili sono nel centro meccanico. I Centri emotivo superiore e intellettivo superiore lavorano con gli H12 e H6 rispettivamente. Ciò che occorre comprendere è che tutti i processi psichici, emozionali, interiori, sono materiali e dipendono esclusivamente dalla qualità degli H che stanno lavorando in un centro. Materialità significa dipendenza dalla qualità della sostanza impiegata. Ogni centro può lavorare con H più o meno sottili e dare un risultato corrispondente. Ecco dunque che la legge dell'ottava ci conduce a ritrovarci sempre nelle solite situazioni. I due intervalli che spezzano la progressione in avanti della coscienza in modo lineare ci costringono, infatti, quando non vi sia l'uso della consapevolezza, a ritrovare il medesimo ambiente psichico, a curvare la nostra coscienza nello stesso modo. Il risultato formale di questo movimento circolare ci impone le medesime situazioni e a confrontarci con le stesse emozioni. Così cambiamo persone, luoghi, ambienti per scoprire poi che nulla è cambiato. Solo con l'intervento della volontà e dell'ego unico in precisi momenti in contrasto palese con i nostri desideri si può realmente cambiare il percorso e attuare un vero cambiamento.

Forza attiva → E' DIFFICILE← Forza passiva

Adesso. Adesso farò qualcosa che sembrerà in contraddizione con quanto ho scritto, ossia sperimentare senza pensare. Il motivo è semplice. L'ermetismo è una chiave di lettura. E' talmente oltre i normali schemi che, in effetti, non si può raccontare, spiegare. I concetti, le sue leggi, ci permettono però di scoprire come, nel corso del tempo, l'uomo ne abbia lasciato traccia. C'è sempre qualcuno che lascia un appiglio, un segno, per gli altri. Quando, in riferimento proprio alla psicologia ermetica, troviamo il concetto di segreto ci riferiamo infatti non al suo significato letterale ma all'impossibilità di recepirlo. Poiché parliamo di essenza e non di sapere, i mezzi che di volta in volta vengono usati dall'ermetismo sono il più lontano possibili da quello che ci aspettiamo quando parliamo di apprendimento. Ora è chiaro anche perché un testo antico, di centinaia di anni, rimanga attuale. Ora è chiaro che non interessa la fonte ma il contenuto. Sia un testo religioso, laico o un fumetto. L'essenza, infatti, non si occupa di sapere. Ogni testo, allora, letto in relazione al sapere sarebbe veramente superato dal piano della meccanicità, ma muovendosi sull'essenza lo è, superato, solo sino al momento in cui la consapevolezza assorbe i concetti che con esso vengono espressi e li fa suoi nel concreto. Allora, solo allora, non è più necessario. Quando San Giovanni della Croce dice "va ama e fa ciò che vuoi" è proprio questo che intende. Attenzione, anche in questo caso, paliamo di amore come piano vibrazionale, attuato nella consapevolezza del piano causale, con l'armonizzazione dei corpi e l'uso per risonanza dei soli H sottili. Anche qui le parole subiscono la verticalità, richiedono di modificarne il peso. E allora possiamo forse solo intuire, come luce di lampo, cosa significhi in realtà. Oppure semplicemente ammettere di non sentire di cosa si tratti. Di non sentire. Torniamo a noi, perché ora mi permetto di descrivere come si possa ritrovare le leggi ermetiche in ogni dove siano reperibili. Lo faccio perché scoprirete quanto l'uomo ha cercato la verticalità e quanto sforzo abbia fatto per progredire. Lo faccio perché avere attenzione a scoprire i messaggi della psicologia ermetica aiuta nel lavoro su noi stessi e ad avere una visione più chiara delle cose. Lo faccio per allenare il nostro corpo mentale a rimanere flessibile, a non vivere di preconcetti, a rendere le nostre interconnessioni fluide. Abbiamo detto che le ottave creatrici sono ottave discendenti mentre le ottave evolutrici sono ottave ascendenti. In questo senso si può cogliere pienamente il significato della parola consapevolezza all'interno dell'evoluzione dell'uomo e del suo rapporto con l'universo che lo circonda e di cui, per polarità, fa intimamente parte al tempo stesso.

INIZIO-CREAZIONE-TUTTO

RICERCA INDIVIDUALITA'   CONSAPEVOLEZZA

IO INDIVIDUALE

La creazione del cosmo, del mondo, è un'ottava discendente. Da un'idea, una intuizione, si creano gli oggetti, le cose, la natura e tutto il mondo psichico ed emozionale. Per l'ermetismo c'è una stratificazione vibrazionale di piani paralleli sempre più densi, dall'immensamente sottile allo spesso. E tutti, in una correlazione precisa, si spostano all'unisono verso una maggiore consapevolezza. Nulla può esistere, in questo modo di vedere, se prima non vi è l'idea della cosa, sia esso riferibile alla materia più spessa come a quella invisibile, senza un progetto che sottintende la costruzione di quello che si vuole realizzare. Si, anche noi. Vi guardate intorno e, ricordiamocelo, l'universo non può esimersi da ritenerci importanti, anche se non lo pensiamo, anche se nessuno ce lo ha mai detto. E' quello che per la religione cristiana è il mito della creazione del mondo in sei giorni (il settimo è di riposo-mi) e che nei Veda inizia con: "Quaggiù al principio non c'era che il nulla ma Mrtyu, la morte, creò la mente, pensando: possa avere io un corpo!". Questo mito non parla della creazione in senso lato, ma parla di noi, parla di te. E' come se leggessi la tua storia e qualcuno ti dicesse l'universo ci ha messo sei giorni per crearti e il settimo si è riposato. L'estensione del tempo, anche qui, non è cronologica ma essenziale. Esprime una precisa qualità. L'ermetismo indica una chiave di lettura all'intuizione. Non scrive in prosa. Non ci permette di argomentare, ma si dispone secondo un diverso orientamento. L'essenza per esprimersi ha bisogno di astrazione, non può essere per sua natura descrittiva. L'ottava della creazione nell'uomo si compie nella sua ricerca di individualità, di riconoscimento della sua coscienza. Arriva all'io, all'affermazione di sé. E' quel preciso giorno in cui avete capito di essere qualcuno diverso dagli altri, di essere qualcuno o qualcosa che non poteva essere paragonato con niente e nessuno, che eravate semplicemente voi. L'uomo, voi, iniziate poi l'ottava di evoluzione, che coincide con la ricerca della consapevolezza, del ritorno al tutto consapevoli della propria individualità. In un certo senso dobbiamo immaginarci che da laddove siamo partiti non eravamo consapevoli di nulla, facevamo parte del tutto senza rendercene conto. Eravamo in paradiso ma senza poterlo vedere. Tu, io, eravamo in paradiso. Si, tu eri in paradiso. E' buffo, no? Magari abbiamo capito che per andare in paradiso occorre meritarcelo, e anche se neghiamo la sua esistenza, siamo comunque convinti che se esistesse dovremmo meritarlo. Invece la scienza ermetica ci dice che c'eri già e che ci stai tornando. Fa un po' di differenza. E' questa la scelta di Adamo, è questa la nostra scelta, una scelta obbligata, necessaria, la scelta della ricerca della propria individualità dal tutto e poi la ricerca della propria divinità consapevole, presente. Adamo ed Eva hanno dunque anche scelto di tornare in paradiso. Nessuno ce lo hai mai detto. Anche tu l'hai scelto. La tua consapevolezza l'ha scelto per te. Quindi non chiedete a qualcuno se e come sarebbe il paradiso se ci siete stati anche voi, chiedetelo a voi stessi. Chiedetevi piuttosto come posso tornarci adesso, in questa vita. E' il motivo per cui il mito della caduta dal paradiso è espresso in molte religioni. Quella induista vi direbbe così: tu eri un Dio. Appena nato eri un Dio! A causa del tuo orgoglio, dei tuoi litigi, sei stato ricacciato dagli altri dei sulla terra. La tua divinità non poteva essere comunque cancellata e qualcuno ha deciso di nasconderla laddove mai avresti potuto trovarla, nel tuo cuore. Un cuore che esprime una identità precisa, una qualità precisa, è il cuore leggero di quando siete innamorati, è un cuore preciso che, lo so, anche e solo come ricordo, sapete di aver provato almeno una volta. E ora, nella parabola del figliol prodigo, ritroviamo una narrazione che richiama alcuni di questi principi.

BAMBINO -TUTTO

IDENTIFICAZIONE   CONSAPEVOLEZZA

UOMO

Lo sviluppo fisiologico dell'uomo riflette e segue il suo sviluppo ontologico. Nel corso del suo sviluppo psicologico l'uomo segue lo sviluppo della sua storia in maniera inconsapevole. E ancora se guardiamo lo sviluppo dell'uomo nel corso del tempo e della storia vedremmo che:

PREISTORIA-UOMO ATTACCATO ALLA NATURA

FIDUCIA IN DIO COME FONTE DI TUTTE LE COSE
CONSAPEVOLEZZA

FIDUCIA IN UNA SCIENZA CAPACE DI RISPONDERE A
TUTTE LE COSE

(ricerca di risposte esterne all'uomo)

IO

Nella fisica moderna l'universo è descritto come un tutto dinamico ed inseparabile, che include, in modo essenziale, lo stesso osservatore. La scienza riconosce il mondo come una complicata ragnatela di relazioni tra le varie parti di tutto-uno. Ma va oltre e dice che la consapevolezza dell'uomo fa parte dell'oggetto che viene osservato. <<La scienza naturale, dice Haisemberg, non semplicemente descrive e spiega la natura, ma esse stessa è parte delle relazioni tra natura e noi.>> In altre parole la scienza non si riconosce come realtà a sé, ma la realtà conosciuta attraverso la consapevolezza umana. Non vi è un mondo oggettivo fuori di noi opposto al mondo soggettivo che è dentro di noi. C'è solo una realtà che si manifesta oggettivamente fuori di noi e soggettivamente dentro di noi. Si tratta di un mondo che è oltre la distinzione tra oggetto e soggetto ed è, per l'ermetismo, conosciuto quando la mente umana trascende sia i sensi con i quali recepisce il mondo esterno sia la ragione. Per l'ermetismo, infatti, è sperimentabile interiormente ogni deduzione scientifica, ogni supposizione, poiché esiste un parallelo possibile con l'essenza. Dobbiamo dire, allora, che c'è una sola realtà, Uno senza secondo, che è insieme essere e consapevolezza, sat cit , e questa realtà, quando è conosciuta nella sua origine, è gioia, ananda. Questa unica realtà si manifesta alla nostra consapevolezza divisa, da una parte come mondo oggettivo che si estende nello spazio e nel tempo e apparentemente obbedisce alle leggi della meccanica, dall'altra parte come un mondo soggettivo di sensazioni, sentimenti, immagini e idee che sorgono dalla nostra consapevolezza. Ci troviamo perciò divisi tra il conscio e l'inconscio, il psicologico e il fisico, tra mente e materia tra parusha (spirito, consapevolezza) e prakriti (natura, inconscio). Ma mente e materia, conscio e inconscio si compenetrano nel più profondo livello di consapevolezza e non possono essere divisi. L'uomo primitivo ha sperimentato questa indivisa unità di essere e consapevolezza e l'ha espressa in termini di mito.

UNITA'

BRANCO   GRUPPO

IO

Lo sviluppo dell'uomo ha seguito questo schema. Da una condizione di incoscienza generale, di un tutto indivisibile con la natura, è nato il branco. In questa condizione l'uomo non ha ancora una sua individualità, segue il gruppo, si identifica con il gruppo, è il gruppo. Nessuno ha idee proprie ma compie le sue azioni a servizio esclusivo della comunità, senza esserne consapevole. Ci sono diversi esempi di quello che è il comportamento dell'uomo come branco nella storia. La grandezza dei romani come combattenti e conquistatori risiedeva proprio nella loro identificazione con Roma. Quello che noi riteniamo ingiusto non ha nulla a che veder con la realtà ma solamente qualcosa accaduta non come avrebbe dovuto secondo le nostre identificazioni e la morale del momento. In un futuro prossimo parte delle cose per noi ora "giuste" saranno considerate orribili da quelli che verranno. Il grado di consapevolezza relativizza la realtà che ci circonda e i nostri comportamenti. Giusto o sbagliato, sì o no, dipendono dalla mente concreta. Un sedicente santone viveva eremita isolato nel bosco e tutti gli abitanti del un villaggio che sorgeva lì vicino lo onoravano e si preoccupavano, a turno, di portargli da mangiare e soddisfare ogni sua minima richiesta. Un giorno una giovane ragazza del luogo rimase incinta e indicò proprio il santone come il responsabile del misfatto. Allora gli abitanti del villaggio andarono dal santone e sentendo tradita la loro fiducia lo picchiarono lasciandolo esamine. Lui disse solo con un filo di voce:<<Bene, molto bene>>, segno, per tutti, dell'ammissione della sua colpa. Quando nacque il bambino glielo affidarono. Il santone ancora disse solo:<<Bene, molto bene>>. Qualche tempo dopo però la ragazza, presa dal rimorso e dal desiderio di vivere con il figlio, si presentò davanti a tutti con il vero padre, un giovane che non aveva avuto il coraggio di confessare. Allora, profondamente tristi per quello che avevano fatto, tutti insieme tornarono dal santone, si scusarono con lui e gli tributarono tutti gli onori concessi a un santo. Lui disse solo: <<Bene, molto bene>>. Lontano dalle nostre identificazioni. Lontani dal voler affermare per forza le nostre ragioni. Come acqua. Lasciando passare anche le cose più feroci, dicendo << Bene, molto bene>>. Ogni volta che guardiamo al passato dobbiamo cercare di vedere le cose dal punto di vista relativo, introdurre lo spirito del momento, secondo la scala relativa, di vederlo, senza giudicare. La storia, quindi, che sia la nostra o quella scritta su un libro, assume dei significati totalmente diversi. Se vedete bene, allora, un sacrificio di un uomo non era il sacrificio di un altro, ma di una parte del tutto che viveva come tale. Adesso noi siamo identificati con l'io e per questo non riusciamo a concepirlo, a vederlo. Oggi la consapevolezza ha oltrepassato i limiti dell'io collettivo. Dal branco si deve passare all'io individuale. Questa è l'epoca dell'io. Difficilmente ci riconosciamo in qualcosa e ognuno corre lontano dagli altri. L'altro è qualcuno che è diverso, che spesso dà fastidio. E' l'età, l'epoca, in cui la spinta dell'universo ci costringerebbe all'appartenere a un gruppo e ciascun individuo ne dovrebbe far parte con la propria individualità, mettendo il proprio io al servizio degli altri. Ognuno dovrebbe essere consapevole della propria essenza e contribuisce all'unità con questa. Sembra proprio una contraddizione. Far parte di un gruppo con la propria indipendenza. Come altro potremmo immaginarci un uomo consapevole se non libero, pieno di amore, felice, presente? Un uomo consapevole che riconosce nella sua identità, nella sua essenza, in quello che trova in se stesso, la sua uguaglianza con gli altri. In questa veste, ora, il sacrificio consapevole, chi volontariamente dona se stesso per un altro, per il bene di un altro, è l'espressione del gruppo ora non più branco.

NON COMPRENDO COME POTEVO NON COMPRENDERE

La struttura del percorso dell'evoluzione, rispondendo alla legge dell'ottava, è circolare e passa necessariamente attraverso delle tappe. Ognuno in un determinato punto deve imparare qualcosa. Chi è avanti rispetto a un altro in un senso, è indietro, nel cerchio, in senso opposto e sullo stesso piano. La storia dei Veda e della Bibbia è la storia della consapevolezza e del tentativo dell'essere di sfuggire a questa circolarità. I veda sono ricchi di immagini, di intuizioni, di inconscio, così come lo sono tutti i testi antichi religiosi o filosofici. Manca la luce della coscienza consapevole, della comprensione analitica, della visione particolare. Nei Veda c'è la comprensione del tutto senza distinzione, senza analisi e ogni cosa è paragonabile alla poesia. La Bibbia è invece il tentativo di far diventare comprensibile, parcellizzandolo, ciò che viene visto come tutto, senza parti e la visione inconscia tenta di divenire leggibile prosaicamente, senza fare ricorso alle immagini. Provando fastidio ripercorriamo sulla nostra pelle il tentativo dei Veda, il tentativo della Bibbia. Il nostro fastidio è per l'ermetismo un testo sacro. Non vi è nulla di più simile. Noi, il nostro fastidio e il Vangelo. Quando proviamo fastidio per qualcuno ci diciamo che la persona che abbiamo davanti non ha certamente capito delle cose della vita, che ha dei limiti e ci autorizziamo a giudicarlo poiché noi abbiamo certamente capito cose che lui non sa. Ci siamo messi nella condizione di pensarci come qualcuno che ha qualcosa in più dell'altro. E lo so, state annuendo e pensando che è proprio così. Naturalmente non ci accorgiamo che questa nostra operazione è solo un modo per giustificare il fastidio che stiamo provando. Non ha nulla a che vedere con l'altro. E nemmeno con il fastidio in sé. Invece il vostro fastidio parla di voi e non parla dell'altro. L'altro non esiste, l'altro è solo un pretesto per una parte di voi. Ma allora come potremmo utilizzare il fastidio che proviamo? A questo punto, "credo", che mi posso permettere di prendere spunto dal Vangelo perché, "credo", che avrete capito che tutto quello che si può dire intorno alla fede o al "credo" sono argomenti che non ci riguardano nel modo tradizionale di intendere ma sempre in relazione al "come". Come qualcosa, un fatto della vita, una lettura, o altro, possa aiutarci a essere. La questione del credere si colloca in un punto definito del centro intellettuale. Quindi i testi sacri, per l'ermetismo, hanno uno scopo, un come, ed a quello che mi riferisco. Sia che abbiate una fede oppure no, adesso, qui, non mi interessa. Siete, siamo, degli ospiti inattesi che guardano con disincanto, senza coinvolgimento. Se analizziamo il Vangelo in questo modo vediamo che spesso si fa riferimento a tre condizioni precise: vegliare, nascere, morire. A prima vista possono sembrare tre cose assurde o difficilmente comprensibili. Ma quale è lo scopo riferito al come, utile, di queste indicazioni? Sono tre leggi ermetiche e sono enunciate come tre tappe necessarie dello studio di se stessi e sono in un ordine preciso. Prendiamo la prima, vegliare. Scoprire il più possibile tutti quei meccanismi e tutte quelle leggi che a nostra insaputa dominano la nostra vita e che la rendono meccanica, questo è il nostro primo scopo. Sappiamo bene che all'inizio non è proprio possibile essere svegli o coscienti. Abbiamo dormito così a lungo che, tra le altre cose, non sapremmo proprio sopportare un risveglio istantaneo. Noi ci accontentiamo, si fa per dire perché non è per niente facile accettarlo, di renderci conto della nostra meccanicità. Questo è un passo fondamentale. La prima cosa da fare è quindi renderci conto che noi immaginiamo di possedere alcune cose (ego unico, capacità di fare, volontà, idee proprie), ma che in realtà quello che noi immaginiamo di noi stessi (considerazione interna) è ben lontano dalla realtà. Scoprire chi siamo realmente è l'unico modo per poter apprendere qualcosa di nuovo perché fintanto che ci mentiamo siamo vincolati nella posizione in cui siamo. La prima cosa da fare dunque è svegliarsi. Ma sappiamo anche che, almeno inizialmente, le fasi di risveglio sono molto brevi e che l'uomo tende ad addormentarsi spontaneamente. Risvegliarsi, proprio come accade alla mattina quando suona la sveglia, costa fatica. Occorrono quindi dei segnali, delle sveglie che ci tengano continuamente all'erta. La legge dell'ottava domina questo tentativo. Conoscerla ci spiega le battute d'arresto, la fatica e soprattutto il fatto che ricaschiamo sempre nelle stesse cose, nelle stesse persone, nelle stesse situazioni dalle quali volevamo liberarci. Interviene su di essa come forza passiva la legge dello specchio. Spesso guidati da una serie di evitamenti del fastidio che pure non ci appartiene realmente, ma che abbiamo acquisito dalla personalità è anch'esso del tutto meccanico. Abbiamo detto che risuoniamo con cose che noi abbiamo. Nessuno potrebbe farci arrabbiare, ad esempio, se noi non avessimo in noi ben nascosto, in un angolino, proprio l'aspetto che genera la nostra rabbia. Le vibrazioni sottili dei corpi risuonano solo alle lunghezze che le appartengono. Qualcuno di voi penserà, però, che le cose che lo infastidiscono non gli appartengono affatto, che non sono in lui mai evidenti come negli altri. E' proprio così, invece. Le cose che generalmente ci creano più fastidio sono presenti in noi nelle zone d'ombra. Con zone d'ombra indichiamo delle parti della nostra personalità che abbiamo acquisito in maniera non consapevole, repressa. Sono dogmi personali che ci siamo imposti e che non sappiamo nemmeno di avere. Ogni volta che ci è stato insegnato cosa è bene fare e cosa è bene non fare, tutte le volte che abbiamo aderito alla morale ricevuta senza concepirne il senso, abbiamo potenzialmente costruito una zona d'ombra. Vi faccio un esempio. Ho imparato che rubare non è bene e che essere onesto è bene. E fin qui la morale insegna qualcosa che poi può essere compreso con la consapevolezza. Ma se io ho imparato che rubare è male senza consapevolizzare questo atto, assumendo la regola e facendola mia come dogma indiscutibile, proietterò su di essa una forte identificazione ed immaginazione costruendo una zona d'ombra. Con l'imperativo identificativo non devo rubare, rubare è peccato, rubare è male, la regola avrà un forte schema mentale, un potente meccanismo del fastidio che porterà con sé una forte rigidità e scatenerà, ogni volta, una repulsione fortissima, una rabbia altrettanto grande, che nulla ha a che vedere con il giudizio dell'azione in sé. E' il motivo per cui in nome della giustizia qualcuno compie crimini ancora più efferati dell'azione che voleva punire. Ogni volta che troviamo qualcuno o qualcosa in grado di produrre in noi un grosso fastidio è evidente che siamo in presenza di qualcosa che dobbiamo imparare di noi. In un certo senso è evidente, ora, qualcosa di noi che altrimenti ci è impossibile notare. Dovremmo ringraziare chi o cosa sia in grado di provocarci fastidio. Aiuto! Ringraziare? Se fosse possibile o meno, si, ringraziare. Nel vangelo la rappresentazione simbolica delle zone d'ombra e del meccanismo dello specchio la ritroviamo nella parabola in cui il padrone di casa invita gli amici a cena (Lc14,21.)

Gli rispose: «Un uomo diede una grande cena e fece molti inviti. All'ora della cena, mandò il suo servo a dire agli invitati: «Venite, è pronto». Ma tutti, uno dopo l'altro, cominciarono a scusarsi. Il primo gli disse: «Ho comprato un campo e devo andare a vederlo; ti prego di scusarmi». Un altro disse: «Ho comprato cinque paia di buoi e vado a provarli; ti prego di scusarmi». Un altro disse: «Mi sono appena sposato e perciò non posso venire». Al suo ritorno il servo riferì tutto questo al suo padrone. Allora il padrone di casa, adirato, disse al servo: «Esci subito per le piazze e per le vie della città e conduci qui i poveri, gli storpi, i ciechi e gli zoppi». Il servo disse: «Signore, è stato fatto come hai ordinato, ma c'è ancora posto». Il padrone allora disse al servo: «Esci per le strade e lungo le siepi e costringili ad entrare, perché la mia casa si riempia. Perché io vi dico: nessuno di quelli che erano stati invitati gusterà la mia cena».

Quando si parla di padrone di casa dovreste capire a chi si sta riferendo. Pensa a una persona che non ti piace, una persona che normalmente tu eviti perché la sua presenza ti provoca sensazioni negative, fastidio. Immagina di averla presente in questo istante e senti emergere dentro di te la repulsione e la rabbia. Ora piano, isola il motivo di tanto disappunto. Guardalo. Osserva quel più che hai messo nel processo identificativo e spostati, come se guardassi quell'emozione dall'alto. Ecco tu ti trovi chiaramente davanti a uno storpio, cieco, zoppo. Ora cerca di capire questo: se tu dalla strada e dai vicoli inviti a casa tua questa persona, questo mendicante, cioè l'ammetti alla tua presenza, questa persona ti fa un dono che non potrai ricevere da nessuno dei tuoi piacevoli amici, ricchi quanto si voglia, ti farebbero mai. Questa persona ti svela te stesso, ti rivela la natura delle tue zone d'ombra. Ora metti sotto esame la tua reazione negativa e domandati se sei tu che devi dominare questa situazione o è lei che deve dominare te. Per dominare la situazione devi dominare te stesso. Questa padronanza si riconosce ammettendo che al mondo esistono persone che non reagirebbero negativamente come fai tu. I tuoi sentimenti sono provocati non da quella persona, come tu erroneamente pensi, ma dalla tua personalità, da come esse è stata costruita. Le tue identificazioni devono morire. Per proseguire, per accedere alla comprensione, non vi è alternativa che abbandonare i propri schemi mentali. L'essenza, l'ego unico, ora, in questo istante, ti libera da ogni risposta meccanica. Di questo comportamento, di questo atteggiamento dell'altra persona fa sì che tu reagisca negativamente, non rimane più nulla, non ti appartiene, poiché abbattendo l'identificazione tutto scompare. Ora hai compreso che nell'altro non vi è nulla di consapevole, nulla, siete insieme prigionieri di ciò che non sapete. Prigionieri insieme. Nessuno dei due è l'aguzzino. Siete entrambi dietro le sbarre Mentre prima tu venivi soggiogato, cambiavi magari strada pur di non incontrare qualcuno, ora hai ricevuto il dono della libertà, di andare dove ti piace. E' un sentimento anche questo insolito e ora desideri la compagnia di questi storpi. Adesso infatti ogni volta che ti trovi con queste persone, mentre prima provavi dei sentimenti negativi, ora senti sempre più compassione e costrizione del cuore. E' tipico dei rapporti di coppia assistere a dei meccanismi del fastidio. Li potete usare, dovete usarli, perché sono un'arma efficacissima per conoscersi. Vi immaginate quanto vi costerebbe una persona che vi faccia notare tutte le volte che non state lavorando su di voi? Perfetto, l'avete gratis! E se vi va bene l'avete anche sposato o sposata! E si possono usare in due modi, ossia quando li provate, e state certi che c'è in voi qualcosa che non avete notato e che è bene guardare, e quando li provocate. Complimenti, avete scoperto una zona d'ombra della persona che vi sta vicino e sicuramente qualcosa che potete migliorare insieme. Si può migliorare sempre. Per viaggiare nella ricerca di se stessi bisogna innanzitutto diventare meno rigidi, darsi uno scopo raggiungibile e per il quale non avere alcun tipo di aspettativa cercando di lavorare nel presente, cercare di coltivare delle idee proprie indipendenti dalla cultura, dalla influenza della società, da quello che abbiamo appreso in modo inconsapevole. Ora se io nomino la bibbia sono sicuro che parte di voi non proverà più lo stesso fastidio che avvertiva le prime volte in cui l'ho fatto. Il mio atteggiamento nei confronti di questo libro non è assolutamente cambiato. Siete cambiati voi, non siete più condizionati su questo aspetto, avete capito, spero, che molte possono essere le cose che ci possono meglio fare comprendere, essere più sapere, la realtà fuori dai normali condizionamenti, aperti nel godere la vita nei suoi aspetti, perché la vita è veramente meravigliosa, sempre. Allora il meccanismo del fastidio è una sveglia che suona e vi indica la seconda tappa che è morire. Non si intende naturalmente morire in senso fisico, ma devono morire i nostri attaccamenti, le nostre false idee su noi stessi e in generale tutti quei meccanismi che ci impediscono di crescere e vedere. Capirete allora che questa seconda tappa segue necessariamente il risveglio, l'aver studiato e osservato quanto siamo meccanici. Spesso le persone si soffermano ad evidenziare quanto sia doloroso svolgere un lavoro su di sé, quanto una ricerca interiore sia capace di provocare dei disagi. Questa situazione capita generalmente all'inizio e capita anche alle persone che pur non impegnate in un lavoro su se stessi incontrino nella loro vita uno o più fatti non ordinari che li costringano a rivedere il corso della loro esistenza. Va detto che questa è forse una tappa necessaria ma che il "dolore" non è dovuto a ciò che si scopre di nuovo, ma all'attaccamento, al modo con il quale siamo attaccati alle cose che ci circondano e all'insano desiderio che spinge gli uomini a desiderare che le cose non cambino mai. La sofferenza nasce dalla paura, dalla paura della morte, dalla volontà assurda che niente scorra. Non voglio assolutamente banalizzare il dolore. Necessario a volte. Impossibile da evitare altre. Ma lo scorrere delle cose fa parte della vita e non adeguarsi a questo principio fondamentale significa ostinarsi a non vedere, significa opporsi all'armonia e infine, a non vivere. La sofferenza non nasce perciò dalla ricerca su noi stessi ma dai nostri attaccamenti. Padre Natale, frate francescano, era stato invitato a un ritiro per l'educazione spirituale di altri confratelli, tutti dediti all'aiuto di persone indigenti e violente nei rispettivi ricoveri. In questo ritiro c'era un frate corpulento dai modi molto bruschi. Un giorno Padre Natale gli chiese: << cosa fai quando qualcuno dei tossicodipendenti di cui ti occupi viene a svegliarti nel cuore della notte?>> e lui rispose:<< Prima li picchio...forte...poi gli chiedo perché mi hanno svegliato..>> Quest'uomo aveva fatto molto per gli altri ma nulla per se stesso, non era morto, non aveva perso i suoi condizionamenti, le sue immaginazioni e non voleva svegliarsi, non voleva vedere. Guardate bene che potente meccanismo del fastidio la natura gli aveva messo a disposizione: delle persone, con tanto di paura di buscarle, che lo svegliavano nel cuore della notte. L'analogia si svolge su due piani, uno sul piano fisico (era proprio così, lo svegliavano realmente) l'altro su un piano più sottile, con un messaggio per l'inconscio (devi svegliarti!). Il frate si comportava proprio come facciamo noi quando sentiamo fastidio: picchiamo, inveiamo, troviamo nell'altro il colpevole. Qualche giorno dopo Padre Natale chiamò il frate sul palco dal quale parlava e gli fece leggere un passo di una lettera di S. Paolo che inizia dicendo: "io sono morto." E mentre lui avrebbe voluto continuare a leggere, Padre Natale lo fermava non appena incominciava il brano – Non ho capito, ricomincia. - Io sono morto – Non ho capito…- Sono morto - -non ho capito- Una interruzione ossessiva, fastidiosa. - Sono morto!!! - Sino a gridarlo nel silenzio generale. Io sono morto. E' proprio così, occorre avere la forza di allargare il più possibile l'attimo di risveglio e perdere i propri attaccamenti. Morire e lasciare tutto alle spalle. Ricominciare da zero. Fine di ogni identificazione. E iniziare la terza tappa che è quella della rinascita. Ecco che l'essenza di cui abbiamo più volte parlato emerge, ci siamo tolti i condizionamenti esterni e possiamo cominciare a divenire più consapevoli. E' importante dunque, ritornando anche al breve racconto che vi ho fatto, ricordarsi che i difetti che noi notiamo negli altri sono anche i nostri. E' sempre così. Noi non abbiamo un ego unico ma molti e spesso le nostre diverse personalità lottano contro quella che si adopera per fare un lavoro su di noi. La menzogna occupa un grosso posto nella nostra vita. Se ci osserviamo attentamente vedremmo quante volte mentiamo. Vi posso assicurare che mentiamo quasi sempre e in maniera pressoché continua. In questo senso ognuno di noi ha un tratto caratteristico, una personalità nata da un condizionamento ben marcato, la quale occupa un posto molto grande in noi poiché essa per sua natura nasce da una menzogna. Il nostro lavoro sulla sincerità coincide con lo studio e l'osservazione di questa personalità. Occorre naturalmente individuare questo tratto caratteristico che ci contraddistingue. E questo richiede un grande sforzo poiché deve abbattere la via di minor resistenza e una parte importante delle nostre identificazioni. Occorre morire e quindi risorgere. Queste due parole vi ricordano qualcosa? Possibile che considerazioni così semplici e tanto complicate da realizzare siano da sempre ricordate a tutti? E' un po' come se un girono vi svegliaste, al mattino come sempre, e vi accorgeste che intorno a voi le persone che conoscete, amate, o non conoscete, tutte, dormissero di un sonno profondo. La sensazione non è piacevole. Una persona sola che grida nel deserto. Naturalmente il lavoro su di sé non può fare a meno di grandi sforzi e nessuno, nessuno, lo può fare per un altro. Svegliarsi, morire e rinascere.

CHI SEI? RE96

Chi sei? Te lo ripeto, Chi sei? Puoi rispondere a questa domanda? Adesso, ora che te la pongo, mentre la tua mente cerca di elaborare una risposta che sia verosimile e che rispecchi quello che ritieni di essere, la tua funzione mentale si è messa in moto. Non c'è alternativa, per poter rispondere è questa funzione che elabora le risposte, che cerca di dare prosa alla tua consapevolezza. Ma, è questo il punto, quale mente sta cercando di rispondere? O meglio ancora, a quale mente permetti di rispondere a questo interrogativo? Il centro della funzione intellettiva fluttua nella nuvola dei suoi sottili dividendosi in due. Alla polarità della mente spetta la nostra capacità, ed anche il nostro limite, di ragionare per opposti, viaggiando tra il sì e il no. Le tre parti concentriche meccanica, emozionale e intellettiva della mente si combinano tra loro. Le cose acquisite, quelle che abbiamo imparato, come leggere, scrivere, guidare la macchina e tutte attività nello svolgimento delle quali andiamo in automatico, lasciano un'impronta nel centro meccanico intellettivo. Così come nella sua funzione emozionale il desiderio di apprendere, di imparare, che trova soddisfazione in questa attitudine, che prova gratificazione ad aggiungere qualcosa, si estroflette nella parte intellettiva vera e propria, quella creatrice, che converte le intuizioni in opera. Sul piano psicologico avremo tre menti: una concreta, una astratta e una intuitiva, che corrispondono, matericamente, alle tre funzioni sottostanti. La mente concreta ci permette di fare le cose per memoria ed è quella che viaggia in automatico, quella che per risolvere un problema fa richiamo ad esperienze già vissute. Oggi dovete andare da qualche parte? La mente concreta vi dirà se è il caso o no di utilizzare la macchina, quanto tempo occorre per raggiungerla, traccerà un tragitto e elaborerà tutte le informazioni che vi serviranno. Molte delle cose che facciamo richiedono solo l'utilizzo della mente concreta. La mente concreta non aggiunge nulla di nuovo a ciò che siamo, analizza la situazione e risponde alle nostre necessità secondo le esperienze che ha accumulato. La mente concreta fa uso esclusivo della memoria, richiama episodi passati e compara con il presente le situazioni che abbiamo già vissuto viaggiando attraverso gli schemi mentali. La mente astratta astrae le sue osservazioni dal contingente e le generalizza. La matematica. Una penna più una penna, le conto, le guardo e dico: due penne. Fin qui, lo vedete bene ho usato una mente concreta. La mente astratta mi dice che 1+1=2 indipendentemente da quello che sto sommando. L'addizione non ha più nulla a che fare con il concreto, vive per conto suo, si astrae dal concreto.

Se io dovessi usare solo la mente concreta per fare le somme sarei costretto, ogni volta che devo sommare qualcosa che non conosco, a vedere ciò che sto sommando, a disporlo intorno a me, ad averne un contatto. Esistono alcune tribù che non hanno sviluppato la mente astratta e per questo motivo possono sapere se manca un elemento del loro bestiame solo passandolo a coppie e verificando che alla fine il conto sia pari o dispari com'erano all'inizio della giornata Certo, tutto questo, come possiamo comprendere, le espone a un errore grossolano. La mente concreta è, infatti, polare, pari o dispari, come sua caratteristica esclusiva. Ma ora sappiamo anche che può essere tratta in inganno, proprio dall'esempio precedente. La mente concreta, infatti, ha dei sottili diversi dalla mente astratta e manca della necessaria elasticità. Al contrario possiamo ora concepire che all'astrazione, ad ogni funzione matematica, ci sia un corrispettivo concreto, anche se non siamo in grado di vederlo. In analogia con quanto abbiamo visto per i numeri la funzione emozionale intellettiva costruisce le sue estroflessioni e così una persona vi crea fastidio (1+1=2), essere in ritardo vi crea fastidio(1+1=2), il tempo piovoso vi crea fastidio(1+1= 2) e il tutto non è più un accadimento del mondo ma un simbolo di qualcosa di essenziale, di qualcosa che riflette su piani differenti le cose che ci capitano che non sono più fini a se stesse ma sottendono una legge, qualcosa di più profondo che noi impariamo a leggere. La mente astratta è importante perché senza di essa è impossibile stabilire una connessione con il centro mentale intellettivo e creare qualcosa di nuovo. In rapporto con quanto detto prima se non avesse coltivato una mente astratta in modo sufficiente A. Heinsten non avrebbe mai formulato la legge della relatività. Per le ottave discendenti, creative, la mente astratta raccoglie le formulazioni della mente intuitiva. La mente intuitiva aggiunge sempre qualcosa di nuovo alla nostra consapevolezza. E può essere usata sempre, proprio dove non l'avremmo mai fatto. Così anche il meccanismo del fastidio possiede la sua astrazione matematica, il suo numero, fuori dalla nostra identificazione, immaginazione. La mente intuitiva raccoglie qualcosa che su un piano e in un certo senso fa il lavoro opposto che fa la mente concreta perché materializza in astratto e concretizza sul piano materico a noi più prossimo. Tutte le grandi invenzioni della storia nascono secondo questo schema:

MENTE CONCRETA→   MENTE ASTATTA ← MENTE INTUITIVA

Se vogliamo avere una visione della realtà più vicina alla sua essenza è necessario coltivare la mente astratta. Kekulè aveva lavorato per anni allo studio del benzene cecando di riassumere la sua struttura in una formula comparando numerose osservazioni, sempre utilizzando la mente concreta, per anni.

Sempre inutilmente. Alla fine lui stesso raccontò che nel momento in cui aveva deciso di rinunciare, proprio lo stesso giorno, tornato a casa, guardando il fuoco del camino, vide nella sua fiamma una figura geometrica che era la risposta a tutte le sue ricerche, un esagono. La mente intuitiva. La legge dell'ottava ci dice che un atto creativo è sempre discendente, dalla materia più fine a quella più spessa. Possiamo scrivere, dall'alto verso il basso:

INTUIZIONE

ASTRAZIONE

REALIZZAZIONE CONCRETA

Similia similibus per ogni piano, per ogni sottile vibratorio. In riflesso, per ogni cosa. I piani descritti non sono quelli immaginati e così un pensiero o un sasso, ad esempio, sono sullo stesso piano vibratorio in correlazione alla natura dell'essenza osservata in quell'istante. La loro appartenenza al un piano preciso dipende da quello che viene considerato in quel momento. Un sasso o un pensiero potranno essere osservati sul piano concreto, ad esempio, osservando in quell'istante lo stesso principio essenziale, o gli stessi H, se vogliamo, e di riflesso anche sul piano astratto e, infine, su quello intuitivo. L'ottava creatrice svolge un processo contrario a quello che bisogna fare per ottenere delle intuizioni partendo dalla mente concreta. A. Heinstein diceva che quando vogliamo ottenere un'intuizione, l'idea alla base di una cosa, prima di tutto bisogna osservarla e comparala con quello che già sappiamo (mente concreta), poi bisogna farsene un'idea generale, al di là di quello che abbiamo osservato e valido ovunque (mente astratta) in modo tale da accogliere (intuizione) l'idea fondamentale che stiamo cercando. Credere senza aver sperimentato in prima persona fa parte delle mente concreta. E' per questo che vi invito a non credere a nulla, a non farvi delle immaginazioni su quello che trovate scritto qui, ma, vi chiedo di verificare, di controllare, di vedere. Solo in questo modo è possibile creare la mente astratta, dare spazio così alla possibilità di ricevere una intuizione. L'intuizione, infatti, non è trasmissibile da una persona all'altra. Per fare l'oro occorre l'oro. Quando studiamo una legge spesso arriviamo alle conclusioni di chi l'ha scoperta, ma l'intuizione della stessa è possibile solo se ripercorriamo tutto lo studio che la sottende e ricreiamo la mente astratta necessaria ad accoglierla. Lo stesso principio, allora, precipita in noi. La vera comprensione arriva quando facciamo nostro ciò che abbiamo studiato a tal punto da poterne fare a meno con il ragionamento. La mente astratta può predisporre l'arrivo di una intuizione ma mai sostituirla. Così sappiamo come disegnare un lato, il lato al quadrato, il lato alla terza, ma il lato alla quarta o alla quinta sapremmo disegnarlo? In questo caso è chiaro che esiste una formula matematica per l^4 ma il nostro modo di concepire le cose pur avendola supposta in astratto non riesce ancora ad intuirla. Appunto l'astrazione che essa esista non può in alcun modo sostituire l'intuizione della stessa. La quarta dimensione, che è la risposta a questo quesito, non è ancora concepibile dalla nostra mente che pur riesce a dimostrarne l'esistenza in astratto. Naturalmente questo lavoro presuppone l'osservazione della mente che noi stiamo utilizzando in un dato momento. Dal punto di vista pratico, però, com'è possibile allenare la mente ad essere intuitiva? Come avrete capito una mente intuitiva è prima di tutto recettiva. Una mente di questo tipo non crea ma assorbe l'intuizione, l'idea, dall'esterno. Dobbiamo allenarci, allora, ad ascoltare. Ascoltare le persone, la natura e tutto quello che accade fuori e dentro di noi. Generalmente siamo convinti di farlo benissimo ma ora vi dimostro che solo raramente riusciamo a farlo. Perché questo possa accadere, infatti, è necessario prima di tutto che il corpo sia tranquillo. Se vi fa male una gamba o qualsiasi altra cosa è assai difficile ascoltare qualcosa che sia esterno a voi, sareste troppo impegnati ad ascoltarvi, a sentire questo o quel dolore. Allora prima cosa è la quiete del corpo. Secondariamente anche le emozioni identificate devono esserne in uno stato di quiete. Capite bene che se siete adirati, tristi o malinconici, l'inquietudine vi assorbe completamente, non vi lascerà tregua. Come potreste ascoltare qualcuno o qualcosa in balia di una emozione? Il terzo e ultimo punto è la quiete della mente. La mente nel suo stato ordinario viaggia in orizzontale, alla ricerca continua di associazioni. Qualcuno leggendo starà pensando a dove ha già sentito parlare di queste cose. Tu lo stai facendo, vero? Qualcuno parla di gatti ed ecco che la vostra mente va alla ricerca del vostro che è a casa, di quello del vicino che miagola tutta la notte o vi dice che vi piacerebbe averne uno ma che non potete tenerlo nel vostro appartamento. La mente di noi tutti nel suo stato meccanico funziona proprio così, viaggia per associazioni e si perde nei meandri delle sue immaginazioni Qualcuno sta parlando e a una certa parola chiave, che la vostra mente ha catalogato, ecco che non lo ascoltate più, non ascoltate più quello che vi sta dicendo, ma state ascoltando voi, quello che la vostra mente sta facendo riemergere con i suoi ricordi, state ascoltando quello che voi avete da dire in proposito attraverso la vostra memoria. Per ultima cosa allora, dopo la quiete del corpo e delle emozioni, occorre creare in noi la quiete della mente, abbattere le sue associazioni e creare un piccolo spazio perché il pensiero possa andare in verticale, lontano dal piano delle nostre identificazioni: da questo momento in poi può iniziare l'ascolto. Possiamo trovare persone capaci di insegnarci una lingua, la matematica, o a usare un utensile, ma per le cose che realmente ci interessano, per quelle che vanno oltre il quotidiano, per quelle che riguardano veramente ciò che siamo, possiamo trovare solo delle formule, delle leggi.

Queste leggi non sono la verità ma rimangono solo indicazioni poiché la scoperta inizia solo dal momento in cui le abbandoniamo per andare oltre, all'interno di quell'intraducibile che nessuno ti può spiegare. Come se qualcuno ti chiedesse, non avendola mai sentita, di spiegargli cosa si prova ad ascoltare della musica o cosa sia un colore avendo sempre visto in bianco e nero. Non c'è nulla da fare, nessuno lo può fare, poiché non avendolo provato ognuno di noi risconterebbe che quello che un altro immagina non corrisponde affatto a quello che vorreste dire. Minimamente. Ecco perché la scienza ermetica è segreta. Lo è non perché lo sia in realtà, ma solo perché lo è fino al momento in cui non la sperimentiamo in prima persona, lo è, per pochi, solo perché solo in pochi si avventurano oltre il consueto. Ogni parola, ogni costruito, ti può indicare la strada, può dirti come andare, ma non può dirti cosa vedrai. Trovato l'impossibile non avrai modo di spiegarlo, poiché la mente di chi ascolta lo traduce sempre secondo i propri schemi. Non posso dirvi dunque quello che vedrete. Posso però assicurarvi che, giorno per giorno, passo per passo, con la consapevolezza tutto cambia senza bisogno di cambiare nulla. Ogni piccola cosa di un giorno qualsiasi. Chi sei quindi se non sei la tua mente? Se la tua mente ora lo sai ha la stessa natura del tuo corpo e delle tue emozioni, adesso chi sei? E ancora se i tuoi stessi pensieri non ti appartengono affatto, chi sei? Chi siamo?

FASTIDIO H192

L'universo di compone di materia e energia. I nostri pensieri. Le cose intorno a noi. Le stelle. Un unico. Su vari piani. Dai sottili H a quelli più spessi, sotto le forze dell'essenza, attraverso lo sviluppo dei principi primi. Al di là del principio causale. Tradizionalmente ogni volta che indaghiamo la realtà che ci circonda dobbiamo ricorrere a due tipi di classificazione: per gruppi, mettendo insieme le cose per categorie o per elementi, unità, la cui combinazione determina la formazione delle varietà. Ora questa indagine della realtà serve all'uomo per conoscersi meglio, si serve della identificazione, utilizza la personalità e ci serve per scoprire la realtà che ci circonda sul nostro piano di esistenza e sapere quindi qualcosa in più di esso. E' il metodo scientifico, il metodo di causa ed effetto, da A$\rightarrow$ B, e si svolge quindi in orizzontale. L'ermetismo si serve invece della correlazione. Cose che apparentemente non hanno nulla in comune, apparentemente, sono invece tenute insieme da un'identità sottile. Se potessi semplificare al massimo questo concetto, renderlo leggibile, potrei dire che la domenica, tutte le domeniche, gioco a calcetto, mangio a casa da mia madre che mi cucina una torta di verdura, uso le ciabatte, penso agli amici, mi sento bene. Calcetto, torta di verdura, sentirmi bene, amici e ciabatte sono elementi correlati per me e hanno, in sé, una determinata qualità di tempo. Sicuramente non vi è nulla in comune se utilizzo il metodo analitico perché risulta ovvio che nessuna delle cose che ho scritto è rapportabile all'altra. In orizzontale, naturalmente, infatti l'elemento scatenante e comune di quello che ho scritto, e valido per me, è il modo, la qualità, con cui vivo la domenica e quindi privo di ogni significato, erroneo, assurdo alla logica. La correlazione, però, trova tra loro una corrispondenza, un legame, che va oltre la loro natura. Questo significa che se giocherò a calcetto so già, senza sapere che è domenica, che userò le ciabatte e che mangerò la torta di verdura, che mi sentirò bene, vedrò gli amici, ma soprattutto che farò ricorso a un preciso sapore, a una precisa condizione. Questo è il pensiero analogico, verticale. Il pensiero analogico individua dei principi primi o idee archetipe, sottesi a leggi, che attraversano tutti i piani della realtà, dagli elementi più spessi a quelli più sottili.

> ciò che è in basso è uguale a ciò che è in alto, e ciò che è in alto è uguale a ciò che è in basso, per compiere le meraviglie dell'unica cosa.

La prima cosa che appare da questa legge è che se esiste una limitazione del campo di indagine logico, ma mentre la limitazione è in orizzontale evidente, ogni volta si possono scoprire leggi e rapporti diversi in senso verticale, per l'insieme dei piani. A differenza del pensiero logico esiste per l'ermetismo una causa iniziale, scatenante, un principio primo che si riflette su ogni piano e che per la legge dell'ottava, nella sua circolarità, è anche la causa finale consapevole. Pur scritta, rimane una visione polare. Per la verticalità ogni piano è la riflessione di un altro. I piani più spessi, dove la materia è più grossolana, sono la riflessione di piani più sottili. Naturalmente ciascun piano riflette il primo compenetrandolo. Ogni piano è definito dalla materia H ad esso riferita e non dalla natura causale. In questo modo avremmo, ad esempio, pensieri più o meno sottili, formati da H pesanti o leggeri. Precipitando, seguendo l'analogo essenziale della forza di gravità, i pensieri più pesanti si cristallizzeranno nel più spesso, precipitando dalla forma di idea sino al nostro copro materiale, seguendo la natura H del corpo corrispondente. Ogni corpo che compone la nostra macchina possiede, infatti, vari identità sottili, da quella più' leggera a quella più pesante. Questa è la grande differenza tra la similitudine e la correlazione. La similitudine, infatti, si svolge all'interno dello stesso piano vibratorio ed esclude l'idea di un principio primo riflesso. Scopriamo così che tutta la realtà, quale che sia il piano che noi consideriamo, è generata dai medesimi principi che si combinano tra loro. Questi principi attraversano il conosciuto e lo sconosciuto in modo verticale, ossia si riflettono da un piano all'altro. Se ne deduce che se noi conosciamo un piano possiamo, conosciuti i rapporti esistenti tra i vari principi ad una data qualità di tempo, sapere quali siano i rapporti esistenti tra gli stessi in un altro piano. Questo ci permette di trasferire in automatico quello che scopriamo da una parte all'altra senza doverlo nuovamente indagare. E' interessante notare che questo è proprio ciò che la scienza non fa poiché le sue indagini appartengono solo al piano materiale, con gli H più spessi. Il numero dei piani di indagine dell'analogia, invece, è illimitato. Le medesime leggi, per l'ermetismo, sono valide in tutto il cosmo. Quindi, se troviamo ragionevole una legge della fisica o della matematica, possiamo affermare che essa si svilupperà in tutti gli ambiti a noi noti, compreso quello psicologico, immateriale dei pensieri. Inoltre se riteniamo veri i principi primi non può esistere il caos e la casualità, per ogni piano vibratorio, cessa di esistere. Così la frase "conosci te stesso" assume un significato particolare. "L'uomo è il microcosmo del macrocosmo" come scriveva Paracelso. Questo significa che le leggi e i rapporti tra i principi primi che troviamo nell'uomo sono la riflessione degli stessi su piani diversi La frase conosci te stesso, allora, indica la possibilità reale e non filosofica per conoscere veramente il mondo che ci circonda. L'uomo dunque dal momento della sua nascita in poi è la rappresentazione fisica dello sviluppo di determinati principi a una precisa qualità di tempo, in modo analogo a quanto avviene su altri piani. La natura, seguendo i piani di riflessione appare così strettamente interconnessa e legata. Il cielo è, qui, un piano di osservazione. Il suo uso è comodo perché il movimento dei pianeti è facilmente osservabile. I pianeti si muovono su orbite calcolate matematicamente ed è possibile prevedere o risalire alla loro posizione relativa. Diciamo che il cielo è un'ottima cartina per sapere le relazioni esistenti tra i vari principi. Nell'antichità i sette principi primi vennero chiamati Sole, Luna, Mercurio, Marte, Venere, Giove, Saturno e furono collegati ai corpi celesti chiamandoli con lo stesso nome. E' importante ricordare che gli antichi, pur avendo un basso grado di consapevolezza, avevano invece un alto grado di essenza essendo ancora molto vicini all'assoluto, secondo l'ottava dell'uomo. Potremmo allora dire che in astrologia, in quella autentica e non certo quella degli oroscopi, quando si intende parlare di un pianeta si parla proprio di un principio primo. L'astrologia è la dottrina dei principi primi e non delle stelle. A questo proposito, ora è chiaro, non esiste alcun influsso delle stelle sulla nostra vita ma piuttosto è possibile ricavarne una correlazione. L'uomo non è indotto dalle stelle, ma piuttosto può vedere riflesso in esse una determinata qualità essenziale. E' la scienza ermetica che ha creato l'astrologia e quindi affermare che un corpo celeste possa influenzare qualcuno o qualcosa è, per essa, qualcosa di assolutamente falso. L'astrologia è dunque uno strumento di misurazione, è la carta geografica di un istante, di un determinato tempo nella sua qualità, dei rapporti tra i vari principi nei diversi piani. Il tempo è un piano della realtà. Anche il tempo è attraversato dai vari principi. Scopriamo allora che il tempo ha soprattutto un valore qualitativo. Questo spiega perché alcune cose possono riuscire in alcuni casi e non in altri e perché ogni inizio porta con sé la fine. La qualità del tempo con cui si inizia a fare qualcosa risulta determinante. La bravura, quindi, di chi utilizza un sistema analogico consiste nella sua capacità di interpretare un piano e di trasportarne le considerazioni sugli altri. L'oroscopo così, è l'interpretazione grafica del cielo in un determinato istante, riferita ad un determinato posto. È un'equazione luogo/tempo. L'astrologia è una rappresentazione grafica della realtà per l'ermetismo come la fisica lo è per la scienza. Asserire che un pianeta possa influenzare l'umore o lo stato di un uomo sarebbe come dire che la forza di gravità influisce sulla vita di relazione di una persona. Per semplificazione potremmo dire che l'uomo svolge un compito che è rappresentato graficamente nel cielo per corrispondenza al momento della sua nascita. I problemi che lui incontrerà altro non sono che la differenza tra la comprensione di una situazione e il suo stato di coscienza. Ogni evento, dunque, rappresenta l'espressione formale di un contenuto e la qualità del tempo è la porta della realtà materiale. Questa porta si apre soltanto se la qualità contenutistica dell'anima corrisponde alla qualità del tempo secondo la legge di risonanza.

Se anche una goccia nell'oceano mancasse

tutto l'universo piangerebbe

poiché tutto è connesso. (Lao Tzu)

Il tempo, dicevamo, ha oltre che un'estensione quantitativa una dimensione qualitativa. Questo deve essere necessariamente vero se accettiamo la validità dell'analogia. In effetti anche il tempo è una dimensione e in esso si riflettono i principi primi. La data di nascita indica perfettamente le qualità dei principi primi che essa deve svolgere. I rapporti tra i vari principi in quell'istante indicano il piano di sviluppo degli stessi nel tempo. La vita di una persona sarà "condizionata" dallo svolgimento, dall'apprendimento, di quei principi che la sua nascita "gli impone di imparare". Può, allora, una persona essere libera? E, alla luce di quanto detto, esiste il caso? L'uomo realizza se stesso e il suo compito è quindi consapevolizzare il suo piano natale, farlo diventare cosciente. E' chiaro, per la legge di risonanza, che questo apprendimento può avvenire in due modi. Il primo modo è quello consapevole, è quello che tiene conto degli avvenimenti esterni come non casuali ma comunque utili, belli o brutti che siano. Questo atteggiamento si realizza quando comprendiamo che i "problemi" altro non sono che la differenza tra quello che accade e la nostra capacità di coscienza. Per un bambino, ad esempio, una operazione matematica anche molto semplice può essere fonte di un grande disturbo ma è chiaro però che il punto non è l'operazione in se stessa ma la sua capacità di potervi rispondere. E questo ci accade normalmente. Lo possiamo verificare tutte le volte che notiamo che una questione che può esser un problema insormontabile per uno, risulta essere una sciocchezza incredibile per un altro. Abbiamo la possibilità di comprendere. Oppure. Oppure possiamo farlo in modo inconsapevole. Per la legge di risonanza ci troveremmo immancabilmente coinvolti in situazioni che non gradiremmo, e ad affrontare nostro malgrado proprio quello da cui vorremmo sfuggire. La libertà non può nascere certo dall'ignoranza. E' come se sapendo l'esistenza della legge di gravità ci riterremmo prigionieri di essa e ci buttassimo, per dimostrare la nostra libertà, giù dal terzo piano. La libertà nasce dalla conoscenza delle leggi che organizzano l'universo e dal poterle utilizzare. La consapevolezza di dover apprendere una determinata cosa, la possibilità di sapere che dobbiamo interiorizzare un determinato principio, ci dà la possibilità di scegliere la via dell'apprendimento.

L'uomo non è stato fatto per il sabato, ma il sabato per l'uomo.

Gesù.

La realtà ci viene incontro per mostrarci tutto quello che non abbiamo ancora consapevolizzato. Qui sta il paradosso. La libertà significa proprio seguire una legge. Naturalmente in questo apparente paradosso c'è il limite della nostra mente che è polare e che non riesce a concepire che un opposto alla volta. Solo l'intuizione, al di là degli opposti, riesce ad avere la visione d'insieme necessaria a veder la realtà. Ne consegue anche che il caso non può esistere poiché le cose, gli avvenimenti, sono la manifestazione formale di un principio o della relazione tra più principi. Esiste perciò una bella differenza tra l'informazione, quello che è contenuto, e ciò che lo contiene. Un libro è costituito da pagine, inchiostro ed altro, ma il suo contenuto, la sua informazione, è qualcosa di differente da quello che lo trasporta. Alla luce dell'analogia adesso possiamo capire anche le scelte di alcuni. Perché si dice che Gesù è venuto a espiare i peccati dell'umanità? Se vedessimo questa cosa con la logica, credo, non potremmo trovare alcuna risposta a questa frase. Ma se ragioniamo per analogia, attraverso l'ermetismo, e vediamo il piano dell'uomo, la polarità, l'uomo-peccato-sofferenza, la divisione, allora possiamo dire che Gesù per un piano si è preso volontariamente il peso della sofferenza degli uomini, della sofferenza vista come divisione, separazione, polarità, l'ha consapevolizzata all'estremo e se ne è fatto carico. E' come se avesse svolto un compito. Analogicamente l'uomo doveva completare la polarità, il principio polare, che come negli altri piani, si svolge anche su quello umano. Gesù ha svolto coscientemente, per il cosmo questo lavoro, e lo ha fatto per tutti, per tutti coloro contenuti in quel piano. La sua scelta di vita è stata analogica. Si è comportato esattamente come si utilizza una medicina omeopatica, ossia quando qualcuno è ammalato aggiungiamo alla persona quel principio (similia similibus curantur) che è manifesto materialmente dalla malattia essendo questo principio precipitato dal piano delle idee (uomo come microcosmo) al piano materiale. Poco importa se Gesù è esistito davvero. Per l'ermetismo non conta poiché la sostanza, l'essenza, è la forma che interessa. La sua forma archetipale, la sua forza in forma pensiero, però, è comunque esistita e resa palese dalla religione cristiana. Vorrei spiegarlo meglio, renderlo più comprensibile e quindi mi perdonerete la semplicità. Precipitando dal sottile un principio è come se ci dicesse devi imparare questo, ti manca questo! Devi imparare, ad esempio, che esiste in quella situazione una realtà oltre il conflitto, che l'essenza ti richiede di non fare alcun attrito, di non opporti. Se questo principio, identificato in un preciso istante, con una qualità precisa, non viene concepito, precipita e la sua mancanza, per ogni piano, genera qualcosa. Nasceranno allora dei pensieri particolari, dei sogni, delle situazioni e infine una malattia, ad esempio, che potrebbe essere un episodio febbrile. Se io individuo quell'essenza non consapevolizzata, quella identità sottile, e l'assumo come medicina omeopatica, ecco che la febbre scompare. Il principio primo è qualcuno che dentro di te grida- ehi ti manca questo!!!- E tu, non potendolo aggiungere con la consapevolezza, dicessi eccolo, aggiungendolo come essenza attraverso una medicina. Questo è il motivo per cui la medicina omeopatica non contiene principi materiali ma essenziali. Gesù, per qualsiasi forma lo si intenda, ha portato il perdono. Per l'ermetismo è la forma essenziale di un preciso sviluppo dell'universo ed è la manifestazione sul piano psicologico del principio analogico dell'amore, cura omeopatica del karma, causa-effetto. I principi prendono forme diversa per ogni piano. Così per l'ermetismo esiste una memoria cosciente, che è quella a cui accediamo normalmente e che è quella che dimentica le cose, che ce le fa ricordare, e una memoria subcosciente, posizionata sull'eterico. Quest'ultima è la memoria che registra tutto, anche quello che noi non notiamo affatto, come la temperatura di una stanza, lo stato emotivo che avevamo in una data situazione e tutti quei particolari che, in genere, non giungono mai alla luce della nostra coscienza. E' la stessa memoria che ha come corrispettivo del doppio eterico sul piano fisico, come piano analogico, il sangue. In particolari stati ipnotici si può accedere facilmente a questa memoria. Il corrispettivo della memoria subcosciente sul piano fisico è macchina fotografica. Con l'analogia della memoria subcosciente si possono individuare tutti i termini del principio che essa rappresenta su tutti i piani: fisiologico → sangue, psicologico → subcosciente, materiale →corpo eterico, invenzioni →macchina fotografica. L'uomo è quindi un tutto unico con l'universo, un suo riflesso, la sua immagine. Immagine e somiglianza che dovrebbe ricordarvi qualcosa.

RE384 -> SÌ E NO

Nel momento in cui diciamo io ci isoliamo dal resto del mondo. Il nostro processo di separazione dal tutto arriva al compimento, all'apice. In quell'istante nasce la polarità, la divisione. La dualità si esprime nel momento stesso in cui accediamo al riconoscimento di noi stessi, noi diversi da quello che ci circonda. Compare l'altro. E cadiamo dal paradiso. L'uomo nel suo stato di inconsapevolezza è uno con il tutto, non conosce la divisione. La nostra scelta di conoscere, la conoscenza di noi stessi, la consapevolezza, è dunque la scelta della polarità. E' una scelta personale, libera. Solo attraverso la polarità nasce l'analisi e la possibilità di conoscere è legata agli opposti. Naturalmente stiamo parlando della nostra mente concreta, la prima mente. Già, la mente astratta, tornando verso l'assoluto, fa un'opera di congiunzione degli opposti, crea la premessa perché essi vengano ricomposti nell'unità, condizione che solo la nostra mente intuitiva riesce a realizzare. Poiché se ora vi chiedo di pensare a due opposti, caldo e freddo, giusto e sbagliato, bianco e nero, per realizzare in voi quello di cui stiamo parlando in una cosa unica, cercando un diverso modo di vedere una stessa cosa, per noi, per la nostra mente concreta, per quella che usiamo sempre, ora è impossibile anche e solo immaginarlo. Però quello che è stato intuito possiede la coscienza di quello che è. Per analogia possiamo dire che la consapevolezza universale passa attraverso la mente dell'uomo per tornare all'assoluto conscio di sé stesso. La scelta dell'uomo che cade dal paradiso è la scelta della polarità, della divisione. Il peccato è dunque la polarità e nel racconto biblico il tentatore è il serpente che in oriente simboleggia pingala e ida che salgono dal mulladara. La parola peccato assume per l'ermetismo un significato del tutto differente da quello che eravamo abituati a considerare. Peccato è la polarità, peccato è la caratteristica della dualità, peccato è allora la forma con cui le cose prendono ragione in noi, sotto la nostra analisi. Se il peccato è qualcosa che è legato al modo con cui noi analizziamo la vita, giusto-sbagliato, bene-male, si-no, esso non esiste che per noi. La possibilità di trascendere la dualità è la possibilità di redenzione, è il regno dei cieli, è la buona novella di Gesù. Siamo dunque noi che viviamo nel peccato, e non il mondo, finché analizziamo la vita come duale. Per la conoscenza è necessaria la polarità poiché nell'unità c'è soltanto l'essere. Il mito della caduta del paradiso terrestre si rinnova tutte le volte che noi decidiamo di nascere. Ma noi nasciamo ogni giorno. Ogni giorno, indipendentemente da quelli precedenti, possiamo decidere di nascere. Un principio fondamentale dell'ermetismo. Il tempo viene considerato nella sua qualità. Secondo l'essenza. Qui, ed ora, esprime qualcosa oltre il momento presente come lo intendiamo abitualmente, ma, qui ed ora nella sua qualità essenziale, in un altro modo. Abbandonando l'analisi. Il concetto di analisi è dunque intimamente collegato alla polarità. Ne consegue che la mente logica non può essere che polare: si-no, bene-male, giusto-sbagliato. La tensione degli opposti crea le premesse per la comprensione logica. Premessa essenziale della polarità e del processo logico è che una parte deve escludere l'altra, necessariamente. L'unità, dunque, sfugge ai nostri concetti poiché è al di là della mente polare. L'unità non può che essere nominata come negazione di qualcosa perché altrimenti la mente se ne farebbe un'idea scegliendo un lato. Senza tempo, senza confini, senza spazio, senza mutamento, visti dalla mente concreta, attraverso la polarità, non trovano definizione, rappresentano il nulla. Nell'espressione essenziale, nella loro qualità temporale, nell'unità, nulla e tutto si fondono, sono un'unica cosa. In modo analogo con cui possiamo scrivere un lato alla quinta, anche in questo caso dell'unità, dell'assoluto, oltre gli opposti, ce ne possiamo fare un'idea in astratto, non concreta. La sua vera concezione può avvenire solo attraverso l'unità al di là degli opposti, attraverso l'intuizione. Quindi possiamo farci un'idea dell'unità in astratto ma in realtà non riusciamo ad intuirla. Il mondo, dunque, non è polare, ma siamo noi a vederlo così. E' esattamente come il simbolo del Tao. Dalla polarità nasce il ritmo. La mente polare concepisce infatti sempre un sì-no, un'alternanza, e non potendo concepire il nero-bianco contemporaneamente è costretta suo malgrado a considerare prima l'uno poi l'altro. In questo modo deve creare per forza una successione. La mente polare non conosce la contemporaneità degli opposti. Da questa necessità di porre una successione per la polarità nasce il tempo cronologico. Il tempo cronologico è l'espressione della polarità della mente concreta e della sua visione del mondo. Il tempo, questo tempo, è anche di più, in un certo senso rappresenta l'approssimazione di un principio primo che l'uomo non è capace ancora di intuire. Appare chiaro che il tempo, così come lo conosciamo, è una misura approssimativa. L'eternità fa proprio riferimento a quella parte intuitiva del tempo, oltre la successione, oltre la dualità. Intendere l'eternità come un tempo che scorre in avanti senza fine è qualcosa che non ha nulla a che vedere con l'intuizione del tempo, ma non è che un'altra interpretazione polare. Anche le lingue, dall'inizio dei tempi ad oggi, hanno rispecchiato lo sviluppo della polarità. In effetti molti termini latini o greci o di altre lingue antiche avevano in sé due significati esattamente opposti. Nei veda, ancora, si dice che la creazione è stata fatta da mrtyu, la morte, e ancora il volto di Dio, all'inizio della bibbia, è benevolo ma anche malvagio. E si potrebbero fare molti esempi. L'aspetto polare dell'uomo, la sua capacità di vedere oltre gli opposti si è persa nel tempo con la consapevolezza del suo io. E' interessante notare che esiste una profonda analogia tra la veglia-sonno e il giorno-notte, come elementi polari che dominano la nostra vita. In effetti il sonno non è un mondo semplicemente a noi ignoto, ma rappresenta un vero e proprio stato di coscienza. La polarità tra conscio e inconscio è molto importante nello studio di noi stessi. Possiamo immaginare il subconscio come quella membrana che separa il nostro inconscio dal conscio che rappresenta per noi la veglia relativa. La coscienza non è solamente la coscienza di veglia relativa ma essere nel suo insieme di conscio e inconscio. L'io nel quale ci identifichiamo è limitato al conscio e dai limiti del subconscio che, essendo una barriera permeabile e variabile, per alcuni è un vero e proprio sbarramento all'inconscio. L'io, relegato alla personalità, si forma proprio dalla separazione tra conscio e inconscio. La consapevolezza distrugge la separazione tra conscio e inconscio. La separazione tra inconscio e conscio si riflette nella fisiologia del cervello, tra la parte sinistra, sede del conscio e della logica, e la parte destra, sede dell'inconscio e della analogia. Quindi la polarità della mente si rispecchia nella sua anatomia. Le parole in prosa sono lette con l'emisfero sinistro mentre le immagini, i simboli, le parole in poesia, sono interpretate con l'emisfero destro. Esistono dunque delle attività che sono predisponenti nell'uno o nell'altro emisfero. La ricerca oltre la polarità ci porta a non voler cambiare questo mondo ma a cercare di vederlo, ad abbandonarlo per come lo conosciamo, cercando una soluzione che sia non o/o ma e/e. Occorre comunque partire dal presupposto che noi siamo immersi nella nostra polarità e che per questo la visione degli altri del mondo, anche quando non ci convince, non è che un aspetto polare di ciò che è. L'evoluzione qui non aggiunge nulla di nuovo, dinamizza la vita e le cose, e rende consapevole ciò che già esiste, come se l'intero universo fosse scritto su un libro: il contenuto e il libro sono già presenti in sé ma il loro senso è noto solo dopo la lettura e la sua interpretazione cambia con l'evolvere della consapevolezza. Amore e consapevolezza sono la polarità più elevata, il cuore di questo processo di presa di coscienza dell'universo, dell'assoluto. L'atto finale, se trasceso, dove si realizza ogni principio. L'amore, infatti, è relazione, è proiezione di noi fuori di noi. L'oggetto del nostro amore è più importante di noi. L'amore non identificato, l'amore non immaginato. E poi ci siamo noi. Al massimo della nostra consapevolezza c'è solo il momento presente, non esiste l'altro, in perfetta solitudine. Senza sentirci soli. La consapevolezza ti obbliga a un movimento a ritroso, ad abbandonare tutte le proiezioni. A tornare indietro. E' il figliol prodigo che ha sperimentato tutto, e ora che sa, torna a casa. Sei tu che stai tornando a casa. Hai provato. Sperimentato. Sofferto. Gioito. Pensa a te stesso. Ora sei in pace. Puoi tornare. Senza pesi. Gesù ti direbbe che sei pentito. Pentirsi per l'ermetismo vuol dire divenire consapevoli di se stessi senza sensi di colpa. Bisogna scoprire l'amore per tornare a noi stessi. Un paradosso per la polarità.

assoluto

amore   consapevolezza

io

Devi addentrarti nell'amore, devi entrare in relazione, in modo da poter tornare a te stesso. Ti devi perdere nel mondo per tornare indietro. Tornare ad essere come un bambino, ma con la consapevolezza di chi sei. Quando eri bambino eri sicuramente innocente, ma solo perché non sapevi. Dovevi ancora sperimentare. La gelosia. La generosità. L'invidia. L'altruismo. Ora sai. Sai cosa vuol dire. Cosa vuol dire sentirsi traditi. Cosa vuol dire tradire. Amare. Odiare. Invidiare. Gioire per l'altro. Ora, con la consapevolezza, hai la possibilità di tornare all'unità sapendo ciò che fai, per scelta. Nulla è perduto. Tutto è necessario. E' la scelta di un attimo, è la scelta che non dipende da quando e quanto, ma dalla qualità del suo tempo. Come Adamo hai lasciato il giardino dell'Eden, il mondo dell'innocenza. Come Adamo sei entrato nel mondo e te en sei fatto una esperienza. Solo nel mondo puoi fare riferimento a te stesso, usare la polarità per conoscere, per distinguere, sino al momento in cui, compreso la bellezza e diventato consapevole di essa, sarai tornato a casa. Amore e consapevolezza. La polarità più alta, il segreto della coscienza dell'universo. La polarità all'origine della malattia. Una parola dura. Malattia. A volte insopportabile. Naturalmente, adesso, qui, la visione scientifica non viene per nulla messa in discussione. Assolutamente. Qui, adesso, in questo istante, cerchiamo un altro punto di vista, un'altra lezione. L'una non inficia sull'altra. Le due posizioni rimangono, comunque, inconciliabili. Per parlare della malattia attraverso l'esperienza ermetica occorre fare ricorso all'analogia e abbandonare la causa effetto. Stravolgere così il modo di vedere le cose anche in questo ambito. Fare questa operazione significa dividere la realtà in piani in cui è possibile fare delle correlazioni facendo riferimento ai principi primi che si manifestano in noi nella loro espressione illusoria di polarità. Adesso vi dirò qualcosa di assurdo per la mente concreta: il principio primo chiamato impulso si trova nel mondo animale come rapace-roditore. La logica distrugge immediatamente questo ragionamento. Lo trova senza senso. E lo fa correttamente. In effetti la correlazione è illogica. Si serve dell'intuizione ed è astratta. Solo il processo di identificazione e di consapevolezza dell'intero ha permesso che le varie parti del tutto si distinguessero l'una diversa dall'altra fino ad oggi per poi fare parte dell'unità in maniera consapevole. La dualità è un'illusione necessaria per l'acquisizione della distinzione delle varie parti, per ogni piano, su ogni piano vibratorio, prima di ritornare come principio assoluto consapevole. Possiamo imparare i principi che dobbiamo apprendere in modo consapevole oppure no. La nostra libertà consisterà proprio nella nostra possibilità di seguire volontariamente lo sviluppo del nostro piano natale oppure meno. Se allora teniamo presente la polarità e la legge di risonanza avremmo ben chiaro come il nostro destino segua la risonanza e abbatta la casualità. La polarità, infatti, che domina la natura della nostra mente e il modo con cui ci approcciamo alla vita, non farà altro che creare zone d'ombra su tutti quei principi che non siamo capaci di consapevolizzare. Così ogni volta che diciamo che una cosa non è giusta, che il destino è ingrato, che qualcuno o noi stessi siamo sfortunati, ecco che l'essenza di quell'episodio che noi siamo incapaci di consapevolizzare si riaffermerà nella nostra vita sotto forme diverse e apparentemente contraddittorie. La legge di risonanza provvede a farci trovare vicino a quello che dobbiamo scoprire e imparare. L'uomo, dunque, come microcosmo, deve contenere il principio polare del peccato originale e questo principio è espresso dalla dualità malattia-salute. L'uomo è malato dal modo dicotomico con cui vede la vita e non riesce a consapevolizzarne i principi. Il peccato originale è proprio l'analogico mitologico della malattia. Noi siano Adamo. Noi siano Eva. Come ti chiami? Prova a iniziare la storia di Adamo ed Eva con il tuo nome. La tua impossibilità ad andare oltre la dualità costringe il tuo corpo a rendere evidente il principio che non viene consapevolizzato. In un certo senso è come se nel microcosmo dell'uomo i principi primi calassero in realtà sempre più spesse e dal piano mentale, passando a quello emozionale a quello eterico sino al fisico, precipitassero per essere consapevolizzate oltre la dualità. La malattia è dunque il frutto della dualità che costringe il principio primo a trovare espressioni sempre più evidenti. La medicina olistica omeopatica funziona proprio sulla base delle correlazioni. Una volta individuato il principio primo che manca nella persona esso viene estratto diluendolo, potenziandolo, da un altro piano (animale, minerale, vegetale) e dato al paziente sostituisce, per lui, in forma sottile, la sua impossibilità di consapevolizzarlo. Il paziente riceve così l'essenza che era precipitata nel suo corpo nel lato polare della malattia. Naturalmente se questo lavoro non è supportato da un esatto lavoro di coscientizzazione il principio primo riprecipita in altro modo nei piani più spessi. Questo spiega perché a una diluizione sempre maggiore il farmaco omeopatico è più potente, esattamente il contrario di quanto avviene per la medicina tradizionale. Nel caso della omeopatia, infatti, stiamo estraendo il principio primo, il suo aspetto essenziale, che non ha nulla a che vedere con la materia fisica. Nel rimedio omeopatico, infatti, non c'è più l'estratto in forma di materia. Ed ecco perché prendere un rimedio omeopatico pensando al sintomo, ad esempio un mal di testa o alla febbre, è una operazione assolutamente errata. In questo caso, infatti, stiamo usando la logica di causa effetto per risolvere il nostro problema, tipico della medicina tradizionale. Il rimedio omeopatico si adegua alla causa essenziale, non considera il sintomo se non come una evidenza di qualcosa che va indagato. Così la febbre è un conflitto nell'apprendimento di qualcosa, una relazione, un rapporto con un'idea o un comportamento, per cui il rimedio per essa cambia, non è sempre il solito, come avverrebbe per la medicina tradizionale, ed è in relazione all'aspetto causale, al principio primo mancante. L'uomo è malato dunque perché gli manca l'unità, ha una visione polare della vita. La bellezza, agni yoga, ha la necessità di esprimersi, comunque, attraverso la coscientizzazione dei suoi principi primi. E' la stessa bellezza, nel suo aspetto a noi polare, che non trovata espressione genera la malattia e ci mette di fronte alle cose che altrimenti vorremmo ignorare. La malattia è proprio espressione più evidente, più materica, del nostro inconscio. Così una infezione esprime un conflitto latente nei confronti di qualcuno o qualcosa ritenuto nemico. L'allergia una aggressività divenuta materia e i nemici visti fuori finché non diventiamo noi nemici di noi stessi. Mentre la respirazione è l'assimilazione della vita e il ritmo del respiro è un dare-prendere. L'asma è l'attaccamento verso qualcosa, che trattenendo l'aria e chiedendosi alla vita, fa della morte un culto, ci rende impossibilitati a lasciarsi andare. Il fegato esprime i problemi nel campo della valutazione e della distinzione e i calcoli energia repressa. L'anoressia la fame di tutto ciò che è la vita. La cefalea è l'orgoglio, io voglio, senza cuore, pensieri che puntano a qualcosa di irraggiungibile. E l'emicrania vuol separare la testa dal corpo per concentrare tutto sul capo per vivere lì anche la sua sessualità. E così via, seguendo una correlazione che ognuno di noi, fermo in un istante preciso, può individuare. Sempre abbandonando ogni processo che impegni la logica meccanica. Quando parliamo dei quattro principi ermetici terra, acqua, aria, fuoco, ora sappiamo che non ci riferiamo a ciò che sappiamo in riferimento ai quattro elementi. La logica ci direbbe che questa associazione è troppo semplicistica per dargli credito. Il riferimento è ai principi a cui essi sottengono. E' alla loro identità essenziale, quella segreta, quella ideale, che l'ermetismo si riferisce. Per fare una correlazione semplice, facilmente intuibile, potete immaginare per ogni elemento una persona a voi cara, facendolo più per intuizione che ragionamento. E così appare subito che esiste un tratto, un granello di canapa, una identità, che per un attimo è possibile scorgere. Un principio che attraversa piani evidentemente diversi, non raggruppabili tra loro, ma che ne identifica la natura, come se fosse un codice che di volta in volta, in ambiti diversi, diventa evidente sfruttando la materia del piano su cui si esprime. La scrittura del codice è la stessa, la formula che esprime anche, ma la sua espressione deve cedere per forza alla materia che deve utilizzare per palesarsi. Sia un pensiero, un animale, una pianta, un minerale. Il codice attraversa tutti i piani, è sempre lo stesso, è sempre lo stesso il principio, l'archetipo, ma la sua forma muta.

IO?

L'esperienza del sogno si sviluppa nella coscienza dove le forza attive, passive e neutralizzanti, dal piano eterico a quello emozionale, cambiano lo stato di consapevolezza. Il sogno, la sua esperienza, è fondamentale nello studio della psiche secondo la scienza attuale ma anche in molte discipline iniziatiche e nelle religioni. Nella Bibbia, per esempio, sono molti i passi in cui si fa riferimento alla rivelazione ottenuta tramite un sogno. E molto spesso, in periodi e ambiti diversi, si fa riferimento a soluzioni ottenute in sogno. Ed è questo l'aspetto che ci interessa di più. L'ermetismo divide il mondo psicologico in subpiani, la cui natura cambia in gradi di materialità. In modo analogo all'io frammentato che compone lo stato di veglia relativo, così anche il piano dei sogni è una struttura complessa. E così, ne sono sicuro, nessuno di noi si pone il problema della qualità di un suo sogno. Così parliamo di sogni in generale, dando per scontato che siano tutti uguali nella loro sostanza e che possano variare solo nel loro contenuto e nel loro significato. Per l'ermetismo non è così. L'attività del sogno è un'attività inconscia, lunare, d'acqua, accogliente, ha una visione del tutto, simbolica, femminile, notturna. Durante le prime fasi della nascita i bambini dormono molto e la fase REM è particolarmente lunga. Accade allora che la fascia ipotalamica irradia di informazioni la corteccia. Diremmo che analogicamente la memoria è contenuta nell'etere sopramentale e che ad esso dobbiamo riferirci. Se nel cuore della notte vieni svegliato durante la fase REM e ti viene detto di raccontare il sogno descriverai qualcosa che al mattino sarà completamente diverso. Scopriamo allora che il corpo mentale compie un aggiustamento, modifica le informazioni acquisite e le riordina in base a quello che la nostra coscienza ha consapevolizzato. Per esaminare il sonno, la sua origine, le sue possibilità, non rimane che analizzare da principio l'uomo come l'espressione visibile di quattro corpi. Ogni corpo è diviso, a sua volta, da sette subpiani

SOLIDO	SOLIDO
LIQUIDO	LIQUIDO
GASSOSO	GASSOSO
ETERE CHIMICO	PIANO ETERICO
ETERE VITALE	PIANO SUPER -ETERICO
ETERE DI LUCE	PIANO SUB-ATOMICO
ETERE RILFETTENTE	PIANO ATOMICO

Si parla per questo di doppio eterico, intendendo il corpo fisico propriamente detto e quello eterico più sottile. Il doppio eterico si irradia per qualche centimetro dal corpo e sovraintende il suo mantenimento. L'agopuntura, i magnetisti, agiscono sul corpo eterico. Il secondo piano vibratorio è chiamato corpo astrale o emozionale.

SOLIDO	PASSIONI,
LIQUIDO	IMPRESSIONI
GASSOSO	DESIDERI
PIANO ETERICO	SENTIMENTI
PIANO SUPER-ETERICO	VIA DELL'ANIMA
PIANO SUB-ATOMICO	LUCE DELL'ANIMA
PIANO ATOMICO	POTERE DELL'ANIMA

Si tratta di un ovoide di luce colorata che si estende alla periferia del corpo per una distanza che va dai trenta centimetri a qualche chilometro a seconda dello sviluppo spirituale della persona. Quindi così come l'uomo riesce a esprimersi nella materia fisica, attraverso il corpo eterico, grazie al corpo fisico, egli può vivere un'esperienza emozionale grazie al suo corpo astrale. Il terzo piano vibratorio è costituito dal piano mentale e per approssimazione con il nostro modo di vivere, è quello a noi più facilmente rappresentabile. La rappresentazione che fa l'ermetismo non coincide affatto con quella a cui siamo normalmente riferiti.

SOLIDO

LIQUIDO

GASSOSO

PIANO ETERICO

PIANO SUPE-ETERICO

PIANO SUB ATOMICO

PIANO ATOMICO

E' molto meno strutturato dei precedenti, e agli occhi dei chiaroveggenti appare come un campo di energia luminosa che circonda completamente il corpo fisico ma è più concentrato a livello della testa. Grazie ad esso l'uomo può svolgere le sue attività cognitive ed è il luogo di congiunzione interiore tra la dimensione spirituale, l'essenza, e la dimensione corporea, la personalità. E' quindi grazie a questo strumento che lo spirito può trasmettere le sue direttive ai corpi. Lo stato di coscienza di un individuo e il suo grado di consapevolezza dipendono dal rapporto esistente tra i diversi stati vibratori e il modo con cui si stabiliscono le interconnessioni tra loro determina il livello di coscienza e le possibilità psichiche di un individuo. Durante la veglia i corpi sono concentrici tra di loro. La loro armonizzazione richiede un dispendio di energia. Questo dispendio aumenta notevolmente quando i veicoli sottili non sono sincroni tra loro poiché agiscono gli uni sugli gli altri in modo negativo. Un esempio tipico di questo moto dissipante è il senso di spossatezza che si prova dopo una forte arrabbiatura poiché una crisi emozionale agisce negativamente sul corpo fisico. Analogamente una intensa attività mentale provoca una grande stanchezza su tutti i piani. I corpi mentale e emozionale esauriscono la loro energia man mano che la giornata avanza e di conseguenza il piano fisico diminuisce il suo tasso vibratorio diventando sempre più pesante finché si accascia e la persona si addormenta. Questa è la vera origine del sonno. Il sonno deve provvedere alla rigenerazione dei corpi. E' chiaro allora che debbano cambiare i rapporti tra di essi. Poiché si modificano i rapporti tra i corpi e poiché la qualità della coscienza dipende dai rapporti tra di essi, con il sonno la coscienza modificherà il suo stato. Il sonno è caratterizzato dallo sdoppiamento dei corpi mentale e emozionale e dal loro distacco dal corpo. La durata del sonno è variabile e in rapporto all'equilibrio psichico raggiunto dal dormiente. Il sonno attraversa delle fasi caratteristiche che seguono le modificazioni dei corpi. Lo stadio alfa è caratterizzato da onde particolari, dette appunto alfa. In questo periodo il soggetto è particolarmente influenzabile, ed è lo stato che normalmente viene seguito come inducente in tecniche particolari come l'ipnosi o la meditazione. In questo stadio avviene una dilatazione dei corpi sottili e una migliore circolazione di energie tra di essi. In questo momento mentre dormiamo oscilliamo tra uno stato di profondo rilassamento e uno di sonno relativo E' uno stato altamente inducente e per questo può caratterizzare, sotto particolari impulsi, il tipo di esperienza onirica che seguirà e conduce a un profondo rilassamento. Lo stadio beta è contraddistinto dall'iniziale distacco dei corpi sottili. E' il momento in cui abbiamo l'impressione che la realtà si allontani da noi. Il corpo astrale si distacca sempre più mentre il doppio energetico si espande per riempire uno spazio sempre maggiore. Nello stadio delta il sonno diventa profondo e la separazione dei corpi è pienamente raggiunta. Il corpo astrale prende ora la forma di un ovoide luminoso completamente impregnato dal corpo mentale. I corpi sono legati al doppio eterico dalla corda d'argento. La rottura di questo filo, per la disciplina ermetica, porta alla morte. Il corpo astrale manterrà la sua forma di ovoide finché i corpi non saranno completamente rigenerati e solo a questo punto potrà assumere la forma del corpo fisico. Per questo passaggio occorre che una parte del corpo eterico venga assorbita dal corpo astrale e si formi il cosiddetto corpo siderale o corpo dell'anima. Questa ultima fase corrisponde nel dormiente alla fase REM. Le prime ore del sonno sono quelle che meglio rigenerano il corpo. La fase REM è detta di sonno paradossale perché in essa il corpo subisce delle modificazioni tipiche dello stato di veglia. A parte il noto movimento oculare, aumentano i battiti cardiaci, il sistema nervoso si attiva e nel cervello aumenta il flusso sanguigno. Compare ogni 90 minuti circa, per 4-5 volte durante l'intero arco di sonno, e la durata del sonno REM tende a passare da 4, 5 minuti a circa 20 minuti (si allunga durante la notte). Il corpo siderale serba la memoria cosciente, subcosciente e sopramentale. I sogni sono strettamente legati alla separazione dei corpi. E' molto importante sapere che i sogni hanno origini e meccanismi molto diversi. Così con la dissociazione parziale i sogni sono disturbati e si genera l'insonnia. Esistono delle situazioni, infatti, in cui il meccanismo di separazione dei corpi non avviene in modo compiuto. Accade in persone che hanno subito un forte shock emotivo e che, a causa di questo, hanno modificato le interconnessioni esistenti tra i vari corpi. Nei bambini in cui i corpi non sono ancora ben formati, nascono così sogni e incubi. Oppure può accadere dopo un abbondante pasto o dopo l'assunzione di alcune sostanze. La causa principale resta comunque quella delle preoccupazioni materiali che il dormiente ha avuto prima di addormentarsi. Queste preoccupazioni e il desiderio di risolverle tendono a mantenere i corpi sottili all'interno del corpo fisico e questo genera l'insonnia. Le notti sono così corte e agitate. I sogni sono un ammasso di immagini incoerenti in cui si sommano fatti e avvenimenti del giorno senza alcuna logica. Occorre dunque che prima di dormire formuliamo l'intenzione di lasciare le preoccupazioni giornaliere per affidarsi al sonno. Per rendere completa la dissociazione, infatti, occorre abbandonarsi al sonno. Se avete un problema da risolvere invece di arroventarvi con la mente sinistra occorre formulare nello stadio alfa l'intenzione sincera che il sogno (emisfero destro) vi venga in aiuto. La disfunzione tra il corpo astrale e quello mentale genera gli incubi. In questo caso non avete la possibilità di utilizzare nel sonno l'attività mentale. Inoltre se prima di dormire avete avuto pensieri ed emozioni negative vi troverete in una zona astrale in risonanza con il vostro stato emotivo. Allora vi costruirete un universo opaco, violento, morboso. L'incubo è quindi generato dai sentimenti e dalle emozioni create dalla predisposizione dei vostri corpi eterici. I sogni, quindi, sono fortemente influenzati dagli stimoli, interiori e esteriori. Gli stimoli sensoriali, ad esempio profumi o suoni, influenzano fortemente il carattere del sogno attraverso il piano emozionale o astrale. Si tratta infatti di un mondo nel quale la realtà consiste di emozioni, sentimenti e desideri in risonanza con la nostra natura sottile. Così un semplice stimolo sensoriale può generare una risposta molto complessa. Gli stimoli di natura energetica influenzano invece fortemente il corpo eterico, la materia possiede infatti una memoria. E' questo il fenomeno che permette la psicometria. La memoria della materia è dovuta al corpo eterico, che sappiamo è sede della memoria subcosciente. Se nello stato di veglia questa memoria delle cose ci sfugge, durante il sonno diventiamo più sensibili ad essa e quindi influenzabili dalle memorie sottili. Ecco perché cambiare luogo provoca in genere un cambiamento delle energie. Questo rimane ancora più evidente se cambiamo paese. Gli stimoli energetici, come quelli sensoriali, danno origine a sogni ben precisi. Anche il corpo mentale subisce le direttive delle influenze generate su questo piano, attraverso le forme pensiero e gli stimoli interiori provenienti da stati d'animo profondi. Ma è possibile andare oltre. Il corpo siderale si muove all'interno dei principi sfidando la qualità del tempo. Lo spazio si piega. Il mondo così come lo conosciamo si espande, cambia il suo significato, e la qualità dell'essenza prevale sul resto. Libero dal corpo nell'astrale è più facile all'uomo accedere a piani di coscienza superiori. Nel sogno allora si percepisce l'archetipo di un avvenimento a venire. La dottrina esoterica dice che un avvenimento, un principio primo, inizialmente è preparato nell'invisibile, nel sottile. Nel momento in cui si realizza è l'attitudine di una volontà. I sogni siano profetici o simbolici, non sono del tutto terrestri: la loro funzione è quella di incarnare e di materializzare un messaggio spirituale o psichico sotto forma di simboli. Per l'ermetismo la Luna, il principio primo ad essa correlato, svolge la sua funzione di condensatore di energie cosmiche. La sua funzione è quella di captare le onde vibratorie più elevate e concretizzarle in modo che esse diventino accessibili alla coscienza umana. Essa materializza ogni cosa. La vita, la morte. La Luna e la qualità della sua influenza ha un carattere determinante sulla qualità dei sogni. La Luna, qui, lo voglio ripetere, è l'espressione di un principio, di una qualità temporale, non di un satellite, non conciliabile con alcuna logica scientifica. Esistono comunque degli accorgimenti per migliorare la qualità dei nostri sogni. Similia similibus. Tutto è connesso. Immaginarci separati dall'universo, come entità uniche dove l'altro è qualcosa che ci opprime, che ci sconfigge o che, peggio, è indifferente, è per l'ermetismo l'atto di egoismo per eccellenza. Ecco allora che per ogni piano i nostri corpi interagiscono con l'ambiente psichico e materiale circostante. Il contenuto si serve di ogni forma. Se vogliamo modificare il carattere dei nostri sogni, per cominciare, sul piano a noi più prossimo, possiamo sperimentare alcune soluzioni. Ne elenco alcune. Per ogni elemento sottile. Per ogni corrispondenza. All'interno di ogni subpiano. Terra. Non cenare. Nessuna bevanda alcolica. Astenersi dal mangiare carne. Acqua. Pulizia personale. Purezza e pulizia attraggono elementi dello stesso candore, il lavaggio poi permette alle emozioni assorbite dai piani più spessi di essere lavate via. Abiti bianchi e puliti. Non impregnati dai pensieri e dalle emozioni della vita quotidiana. Fuoco. Astensione sessuale. Lampada color violetto. Il fuoco è un elemento intermediario tra i piani vibratori bassi e quelli superiori. Ecco perché la candela apre il contatto con i piani più sottili. Aria. L'incenso emette vibrazioni solari che purificano l'atmosfera psichica del luogo impregnandolo allo stesso tempo di vibrazioni spirituali. La mirra è in rapporto con la Luna, possiede la capacità di agire sulle strutture psichiche dell'uomo in modo da renderle recettive agli influssi spirituali e gli si riconosce il potere di risvegliare le predisposizioni medianiche latenti e agisce sulla forza dell'immaginazione conferendo più densità ai pensieri e alle emozioni. Ora possiamo avvinarci all'esperienza onirica sapendo che attraversiamo una sottile barriera e che i nostri corpi si modificano. Con il sonno profondo riacquistiamo spazio in questa dimensione e i corpi si ridispongono per il riposo. A questo punto compaiono i sogni. Abbiamo però la possibilità di andare oltre e il sonno del guerriero diventa il sonno cosciente nel corpo fisico-eterico. In questo stato siamo consapevoli di chi siamo. L'intorno è filtrato attraverso un nuovo modo di vedere che è quello privo della mediazione del corpo fisico. La coscienza però, rimane sempre vincolata al primo corpo e ha poca possibilità di spostarsi. Da qui, da questo punto, la coscienza di può spostare nel corpo siderale. Il piano astrale, o emozionale, per l'ermetismo compenetra il nostro senza essere un luogo geografico. In questo senso è contemporaneamente presente a quello visibile. Non meno, poiché parliamo di un piano vibratorio diverso dal nostro, diciamo che esso ha dei subpiani che avendo come centro la terra saranno localizzati in posizione diversa. Ossia in modo analogo a quanto abbiamo visto valere per l'uomo la stessa divisione in piano eterico-fisico, astrale e emozionale vale anche per la terra, ognuno diviso nei sette subpiani corrispondenti

La divisione in verticale alla quale facciamo riferimento non tiene conto che della diversa densità delle sostanze che compongono i vari mondi. Potremmo perciò dire che una sostanza per la sua densità appartiene a un piano anziché ad un altro, ma nulla ci può dire dei rapporti che le sostanze possono avere tra loro per ciascun subpiano. Un'altra classificazione, orizzontale, specifica le qualità di ciascuna sostanza per ogni piano considerato. Le sostanze appartenenti al piano materico-eterico non sono tutte uguali e le loro proprietà variano. Questa variazione corrisponde a 4 qualità che la materia fisica può avere: fuoco, aria, acqua, terra. In modo analogo il piano emozionale possiede 7 qualità che miscelate in maniera differente caratterizzano gli elementi di questo mondo. Queste qualità prendono analogicamente nome di Luna, Sole, Marte, Mercurio, Venere, Saturno e Giove. Il corpo astrale di ogni uomo è composto in modo diverso da una composizione di queste qualità differenti. Tale composizione determina il carattere dei suoi sogni fungendo da risonanza con le qualità che appartengono al mondo astrale. Abbiamo detto che il mondo astrale pur non essendo un luogo geografico ha un inizio coincidente con il centro della terra. Ne deriva che i suoi sette subpiani saranno localizzati in posizione diversa rispetto a questo, e le caratteristiche di questo piano coincidono con la materia di cui è costituito. Non esiste alternanza tra giorno e notte, ma la luce che distingue questo piano è costante. Come è costante l'energia vibratoria che lo compone così tutti gli oggetti presenti in questo mondo sono la coagulazione instabile dei desideri e dei sentimenti. Gli oggetti non hanno i limiti definiti che possiamo osservare nella realtà ma al tempo stesso sono la rappresentazione precisa di qualcosa che è insieme colore, materia, sentimento. Così quando due oggetti sono messi in contatto tra loro si compenetrano in un atto conoscitivo che va al di là dei sensi. Non bisogna dimenticare che questo è il mondo dell'ideazione ed anche per spostarsi o per trovarsi in un luogo bisogna desiderarlo. L'attività sensoriale non è più affidata ai sensi ma a tutto il corpo, così come la comunicazione che si realizza nello scambio di uno stato d'animo o di un sentimento. Questa è la grande differenza con quanto si ritiene corretto per il sonno e sogni, ossia che siano del tutto personali e una semplice proiezione della mente. Per l'ermetismo, invece, il sonno è una esperienza della coscienza reale, un piano reale come quello fisico, solo diverso. E' possibile prepararsi al sonno anche attraverso la armonizzazione dei corpi procedendo dal corpo fisico rilassandolo. Ci si mette in una posizione comoda, si pensa mentalmente a ogni parte del corpo ripetendo la frase "mi rilasso, mi rilasso". Contemporaneamente si visualizza un'energia che dalla pianta dei piedi sale sino alla sommità del capo. Il respiro è lento, profondo. Si visualizza ora l'aria che entra, come luce bianca. Successivamente si trattiene leggermente il respiro e si formula l'intenzione di armonizzare i propri corpi. All'espirazione si visualizza una luce bianca che forma un involucro protettivo intorno al corpo. Si allontanano, rivivendoli, tutti i sentimenti negativi che hanno formato la nostra giornata. Ci si impegna, così, a formulare un sentimento positivo, un impegno elevato stimolando la risonanza del piano astrale. Occorre cercare di abbandonare tutte le nostre preoccupazioni. Ripetendo una breve frase, un impegno verso la positività o una piccola preghiera, riarmonizziamo il corpo mentale. Esiste, infine, un breve spazio, un istante che ci separa dal sonno, l'attimo dell'abbandono, in cui possiamo programmare la direzione dei nostri sogni, focalizzando mentalmente il contenuto di quello che vorremmo sognare. E iniziare, così, un nuovo viaggio.

Per l'ermetismo la vita è un po' come le pagine non numerate di un libro. Per ogni pagina, per ogni giorno, la possibilità di un nuovo inizio senza la necessità di dover cambiare nulla. O cambiando tutto. Dimenticandosi delle pagine precedenti. O tenendole bene a mente tutte. Poiché se le cose ci accadono, nostro malgrado, è la qualità del tempo con cui le viviamo, l'essenza, che ci dice veramente quale sia il loro contenuto e chi siamo in realtà. E' la nostra essenza e non quello che sappiamo che ci dice veramente chi siamo. E tu chi sei?

Ed eccomi qui.

Per dirvi chi sono potrei fare in due modi. Fare ricorso alla personalità e alle mie identificazioni. Certamente. E allora potrei dire il mio nome, il mio cognome, che sono laureato in Biologia con lode, facendo accenno alle mie pubblicazioni internazionali. Potrei anche aggiungere il mio ruolo in una scoperta scientifica importante. Oppure ricorrere alla qualità del tempo in un istante preciso della mia vita. Un istante che in qualche modo descrive il mio essere oggi. E allora dovrei tornare al 17 Settembre 2007, alle quindici e quarantacinque. Ed eccomi a piangere sdraiato sul letto della mia camera. Qualche minuto prima, rientrando dall'ospedale dove a me e mia moglie, in mattinata, avevano comunicato l'aborto spontaneo della bimba da noi tanto desiderata, avevo incontrato sulle scale di casa i miei genitori con il risultato delle analisi di mio padre, preludio, negli anni successivi, della sua grave malattia. Ecco, quell'istante preciso, ora solo sdraiato nella mia camera da letto mentre piango, quel principio così fortemente precipitato nel mio essere, ora lì, schiacciato dal peso dell'immenso, quel momento esatto mi qualifica di più di qualsiasi altra cosa e vi dice chi sono.

Riccardo Repiccioli